外部环境
对企业研发投入的影响研究

WAIBU HUANJING
DUI QIYE YANFA TOURU DE YINGXIANG YANJIU

蔡猷花 著

中国财经出版传媒集团

经济科学出版社
Economic Science Press

图书在版编目（CIP）数据

外部环境对企业研发投入的影响研究/蔡猷花著.
—北京：经济科学出版社，2020.12
ISBN 978 - 7 - 5218 - 2206 - 9

Ⅰ.①外… Ⅱ.①蔡… Ⅲ.①外部环境—影响—企业
—技术开发—研究 Ⅳ.①F273.1

中国版本图书馆 CIP 数据核字（2020）第 262717 号

责任编辑：杜 鹏 张 燕
责任校对：王苗苗
责任印制：邱 天

外部环境对企业研发投入的影响研究

蔡猷花 著

经济科学出版社出版、发行 新华书店经销
社址：北京市海淀区阜成路甲 28 号 邮编：100142
编辑部电话：010-88191441 发行部电话：010-88191522
网址：www.esp.com.cn
电子邮箱：esp_bj@163.com
天猫网店：经济科学出版社旗舰店
网址：http://jjkxcbs.tmall.com
固安华明印业有限公司印装
787×1092 16 开 13.5 印张 240 000 字
2020 年 12 月第 1 版 2020 年 12 月第 1 次印刷
ISBN 978 - 7 - 5218 - 2206 - 9 定价：66.00 元
（图书出现印装问题，本社负责调换。电话：010 - 88191510）
（版权所有 侵权必究 打击盗版 举报热线：010 - 88191661
QQ：2242791300 营销中心电话：010 - 88191537
电子邮箱：dbts@esp.com.cn）

前　言

党的十九大报告提出，创新是引领发展的第一动力，是建设现代化经济体系的战略支撑。研发投入是自主创新的源泉，是企业在日益加剧的市场竞争中保持持续发展能力的基础。然而，研发投入具有高风险、高成本和高复杂性，研发投资决策因而成为企业基于长、短期利益综合考虑做出的关键投资决策之一。深入研究企业研发投入的影响因素及其作用机理，直接关系到如何有效激励企业创新，具有重要的理论和现实意义。

众所周知，企业投资行为不仅受到企业自身能力的影响，而且受到外部环境的制约。其中，外部环境中的政策环境与网络环境对企业创新决策具有重要影响。在一定的政治经济和市场环境中，企业行为必然受到政府政策约束。在我国，企业投资是政府外部控制基础上的企业自主决策结果，政府补助这一干预行为对企业创新投资方向可能产生重大影响；基于网络环境的创新已成为经济发展的新引擎，网络环境有助于创新资源在网络内扩散、整合与优化。现有关于企业研发投入影响因素的研究以微观层面居多，相对缺乏宏观及中观层面的分析。因此，基于政府补助与企业网络这两大视角开展研究是对企业研发决策影响机制研究的重要补充。

本书在市场失灵理论、信息不对称理论、企业生命周期理论、高阶梯队理论、网络嵌入理论、资源依赖理论以及注意力基础观等多个理论的基础上，从企业外部环境的视角构建理论模型及开展实证研究。分别从政府补助、高管连锁网络以及产业集群网络三个方面分析了相关要素对企业研发投入的影响机制以及多要素对企业研发投入影响的组态效应。本书的基本内容共12章：第1章，绪论，包括研究背景及意义、研究内容及基本思路、研究方法及研究结论；第2章，相关理论回顾，包括市场失灵理论、信息不对称理论、企业生命周期理论、高阶梯队理论、网络嵌入理论、资源依赖理论以及注意力基础观等多个理论基础；第3

章，相关研究现状，包括对企业生命周期阶段的划分、政府补助对研发投入的影响、高管连锁网络与企业创新、创新注意力与企业创新、企业研发投入的影响因素等研究现状的述评；第 4 章，政府补助对企业研发投入影响的演化博弈分析；第 5 章，政府补助与企业研发投入关系的实证研究设计；第 6 章，政府补助对企业研发投入影响的实证检验与结果分析；第 7 章，高管连锁网络与企业研发投入关系理论分析；第 8 章，高管连锁网络对企业研发投入影响的实证研究；第 9 章，基于 QCA 的企业研发投入影响路径研究；第 10 章，产业集群网络与企业研发投入关系理论分析；第 11 章，产业集群网络与企业研发投入关系实证分析；第 12 章，产业集群网络嵌入情境如何驱动企业创新。

本书的贡献包括以下四个方面：第一，以企业生命周期为视角，考察政府补助的规模和连续性对各生命周期企业研发投入的影响，研究结论不仅丰富了政府补助对企业研发投入影响的研究成果，也为科学评价政府补助效率提供了理论基础。第二，基于企业网络的背景，分别研究高管连锁网络、产业集群网络对企业研发投入的影响，弥补已有研究主要基于企业微观和宏观政策研究的不足，深化了企业网络影响企业研发投入内在作用机制的认识。第三，从构型观视角对如何激活企业创新进行定性比较分析，填补了现有关于创新研究中构型观实证研究的空缺。借助该方法找出多类变量协同影响企业研发投入的等效构型，而该结果是传统回归分析方法无法实现的。第四，通过构型观视角探索网络情境多因素与企业研发投入间的复杂因果关系，深化了关于企业研发投入影响机制的认识，发展了网络嵌入背景与企业创新的关系理论，这为科技管理部门如何有效引导创新发展环境的建设以激发企业创新活力、促进企业创新提供了多个指导路径。

本书的完成凝聚着课题组全体成员的智慧和辛劳，在此向他们表示衷心的感谢。在课题研究过程中，课题组成员查阅了大量的文献，也引用了不少资料，可以说本书是在许多专家学者的帮助下完成的，在此谨向他们表示诚挚的谢意。本书得到福建省软科学研究科技计划项目（项目编号：2015R0041）、福建省社科规划项目（项目编号：FJ2016B102）资助。

蔡猷花

2020 年 12 月

目　录

第1章　绪　论

1.1　研究背景及意义

1.1.1　研究背景

（1）研发投入是企业创新的重要驱动力量。

随着经济全球化进程的不断加快以及市场竞争日益激烈，创新已成为促进区域发展和国家竞争力提升的主要推动力。企业是创新的主体，研发投入是企业开展创新的源泉，也是创新活动顺利进行的基础，对于企业技术创新成效具有重要影响（Hill and Snell，2010）。已有研究表明，研发投入能有效促进企业开展研发活动，进而促进企业产品创新。如雷根强等（2018）采用倾向得分匹配方法系统地评估了高新技术企业认定政策对企业创新的微观政策效应，提出认定政策可通过税收优惠和创新补助促进企业创新产出。解学梅等（2013）对我国各地区高新技术企业研发投入与新产品创新绩效的关系进行实证分析，认为研发投入与产品创新绩效之间存在显著的正相关关系。

（2）我国企业研发投入有待加大力度。

近年来，虽然我国实施了一系列激励企业研发投入的政策，研发经费投入总量也呈不断上升趋势，先后超过英国、法国、德国和日本，成为仅次于美国的世界第二大科技经费投入大国，但是，目前我国的研发水平与世界平均水平相比，还有待进一步提高，研发投入强度与发达国家3% ~4% 的水平相比还有较大差距（Lin et al.，2017），因此，需要进一步探究影响企业创新的动因以及促进企业提升研发投入的路径。

（3）我国制造业迫切需要通过加大创新投入加快经济转型升级。

经过改革开放 40 多年的发展，我国在研发创新方面已取得了长足的进步，但制造企业在技术创新方面的作用仍没有得到充分发挥，与欧美等国仍存在较大差距。"2018 年福布斯全球最具创新力企业榜"中，我国入围企业仅有 7 家，而美国则有 51 家企业上榜。因此，2018 年的中央经济工作会议明确了制造业等实体经济转型升级的迫切性，指出制造业的创新发展是我国创新驱动发展战略的重要内容，要重点推动制造业高质量发展，加快我国制造业通过创新驱动经济转型升级的步伐。

我国制造企业创新主体地位体现不足的问题根源错综复杂，其中既有企业家创新意识和创新意愿不足的问题，也有资金、人才等创新资源不到位的问题，还有政策和制度环境等缺失的问题，其中，我国企业基础研究投入不足是最重要的原因。2016 年我国规模以上工业企业用于基础研究的经费占比不足 0.2%，而主要创新型国家企业的基础研究经费占比普遍在 5% 以上[①]，比较发现，我国企业的基础研究经费还有很大的提升空间。

研发投入是企业开展研发创新活动和在日益激烈的市场竞争中保持可持续发展能力的基础。因此，要想增强我国制造业的创新能力，加快制造业转型升级，就必须加大研发投入。引导和鼓励企业增加基础研究经费，不仅需要通过多种途径强化企业的创新意识，而且要充分发挥政府资金的杠杆作用。

（4）政府必须发挥调控职能，通过对企业的研发补助来矫正市场失灵。

企业技术创新的外部性和研发产出的不确定性导致企业创新活动出现"市场失灵"。外部性使得研发创新活动存在技术溢出，技术溢出是导致制造业研发积极性低下的重要原因。我国目前对专利保护的法律还不完善，一些企业倾向于通过抄袭、模仿等"搭便车"的方式获得新技术、新产品，使那些进行技术研发的企业损失巨大（史安娜等，2013）；研发产出的不确定导致了研发创新活动的高风险性。研发活动的高投入、长周期、高风险等特征使企业不愿加大研发投入进行研发创新（刘宁悦等，2017）。

面对研发活动的市场失灵，政府必须发挥调控职能，通过对企业的研发活动进行补助来矫正市场失灵，从而激励企业加大研发投入。那么，如何根据企业不同发展阶段的特点精准实施政府补助，使得补助得到最优化配置并最终达到促进

---

① 乔宝华，孟凡达. 推动我国制造业高质量发展需过五道关 ［N］. 中国经济时报，2018 – 08 – 22.

企业加大研发投入的效果，是各级政府部门亟待解决的重要议题。

（5）高管连锁网络嵌入为企业创新发展提供新平台。

由于企业实施创新面临巨大的风险和不确定性，因此越来越多的企业通过建立技术合作网络、战略联盟和产业集群等不同形式的企业间关系网络来拓展获取创新资源的渠道（Rose Kim et al.，2016）。现如今，高管在不同企业之间兼职已经成为十分普遍的现象，越来越多的企业高管之间形成不同形式的联结，高管连锁网络日益成为企业拓展外在生存空间和竞争能力的重要平台（Campello et al.，2011），以高管连锁网络为代表的企业社会网络也成为影响企业创新的重要因素。企业高管任职构成的网络可以传递企业与企业之间的信息，这些信息可以为企业创新提供决策依据。企业在连锁网络中越处于有利位置，其获取资源的能力就会增强，企业创新决策的积极性也可能越高。

（6）产业集群网络是企业创新决策的重要推动力量。

在创新网络化时代背景下，企业的研发决策不再是自身独立的经济行为。大多数企业嵌入集群网络中，其经济行为与其他网络成员紧密关联，企业的创新决策也受到其他网络成员的影响。企业从集群网络中能够获取知识、技术等资源。知识是企业开展创新的源泉，产业集群范围内不同企业之间由于地理邻近，更有助于企业搜索和利用各种知识资源。因此，产业集群网络背景下企业研发投入决策受到网络关系、网络地位和知识搜索的共同影响。

1.1.2　研究意义

1.1.2.1　理论意义

根据企业生命周期理论，处于不同发展阶段的企业各具特点，其资源基础、研发水平、融资能力以及发展战略都存在明显不同。因此，政府对不同生命周期企业的补助效果可能也存在差异。本书第 1 ～ 第 3 章以企业生命周期为视角，考察政府补助的规模和连续性对各生命周期企业研发投入的影响，研究结论不仅丰富了政府补助对企业研发投入影响的研究成果，还为科学评价政府补助效率提供了理论基础。

网络嵌入理论认为企业创新不能独立于社会环境之外，而是嵌入于所处社会网络之中，受到组织间相互社会关系的影响。上市企业董监高兼职兼任现象十分普遍，企业之间因兼职而形成的连锁网络日益成为企业拓展外在生存空间和竞争能力的重要平台，通过这个平台企业获取大量的创新资源，决策者对这些创新资源的关注在某种程度上引导着企业创新发展的方向。本书第 4～第 6 章基于注意力基础观和资源依赖理论，考虑创新注意力的调节作用研究高管连锁网络对公司创新投入的影响，有助于深化认识高管连锁网络影响企业创新投入内在作用机制。将政府补助、高管连锁网络等相关因素结合起来，运用模糊集定性比较分析方法研究高创新投入的路径组合，不仅丰富了高管连锁网络的研究成果，还进一步拓展了企业创新影响路径的研究。本书第 7～第 9 章基于产业集群网络的背景，从资源依赖观视角出发，考虑知识搜索的中介作用，更深入地剖析集群网络嵌入性对企业研发投入的作用机理，弥补已有研究主要基于企业微观和宏观政策研究的不足，基于网络嵌入这一中观视角的研究丰富了企业研发投入影响因素的研究成果。

1.1.2.2 实践意义

制造业是国家创新发展的主力，制造业研发投入的增加对我国经济转型升级以及推动创新战略的实施有着重要意义。本书的研究结论为制造业补助政策的评价提供了依据，也为政府部门找准时机对制造业予以补助、提升补助资金的效益以及高效地激励制造业加大研发投入提供了新的思路。

对连锁网络结构的探究，分析创新注意力是否在网络结构特征和创新投入之间存在影响，对高管团队经营和管理企业创新活动有着一定的启示作用，企业可根据自己所在网络结构特征来选择如何进行创新注意力的配置，并做出有益于企业的战略决策；明确不同影响因素对创新投入决策的互补作用和替代作用有助于科技管理部门因地制宜地选择和实施有效的激励机制。

企业创新活动存在技术风险、市场风险及同行模仿等多种风险，研发投入决策因而成为企业基于长短期利益综合考虑做出的关键投资决策之一。本书明确集群网络嵌入性、知识搜索对企业研发投入的作用机理，直接关系到如何有效激励企业创新以及创新驱动战略的成效，具有重要的实践意义，所提出的企业高研发投入的构型为科技管理部门有效推动企业高研发投入提供了可行的、较为具体的实现路径。

1.2 主要研究内容及基本研究思路

1.2.1 主要研究内容

本书从政策环境和网络环境两个层面对企业研发投入的驱动因素进行分析，并进一步探讨不同因素对企业研发投入的协同作用，主要研究内容包括以下三个部分。

1.2.1.1 政府补助对企业研发投入的影响

（1）政府补助影响企业研发投入的依据分析。构建政府与企业间的演化博弈模型，从理论上深入分析政府补助规模与政府补助连续性等变量对企业研发投入的影响。

（2）政府补助影响企业研发投入的作用机理。在以往关于政府补助与研发投入关系研究的基础上，考虑上一部分博弈分析的结果，从企业发展的动态性出发，提出政府补助规模和连续性对于不同生命周期企业研发投入会产生怎样影响的相关假设，构建能够检验政府补助与企业研发投入关系的概念模型。

（3）政府补助对企业研发投入影响的实证研究。利用上市公司年报以及调研获取企业研发投入和政府补助数据，采用计量经济学模型研究政府补助的不同维度对不同生命周期企业研发投入的影响效果。最后，为验证结果的可靠性，通过更换生命周期划分方法和更换回归方法的方式，对研究结论进行稳健性检验，确保了结论的准确性和可靠性。

（4）政府补助视角下激励企业研发投入的对策建议。通过对理论和实证研究结果的综合分析，归纳出政府补助规模和连续性对企业研发投入的影响机理，在此基础上，提出有利于促进企业研发投入的具有针对性的策略和建议。

1.2.1.2 高管连锁网络对企业研发投入的影响

（1）高管连锁网络对企业研发投入影响的依据分析。通过文献计量方法，基于资源依赖理论、注意力基础观和高阶梯队理论，分析高管连锁网络、创新注意力和创新投入之间的关系。

（2）高管连锁网络影响企业研发投入的实证研究。在以往关于高管连锁网络与企业研发投入、创新注意力与企业研发投入关系研究的基础上，提出相关假设并构建能够检验高管连锁网络与企业研发投入关系的概念模型。通过 CSMAR 数据库和巨潮资讯网搜集所需数据，运用 Stata15.0 软件检验变量间的相关关系以及创新注意力的调节作用。

（3）基于定性比较分析（QCA）的企业研发投入影响路径研究。这部分采用模糊集定性比较分析方法对高新技术企业的调研数据进行分析，探究高新技术企业高创新投入的影响路径，旨在回答以下问题：哪些路径能够激励高新技术企业高创新投入？这些路径对激励高新技术企业高创新投入的影响有什么异同？影响高新技术企业创新的不同因素之间是否存在互补或替代作用？

（4）高管连锁网络视角下激励企业研发投入的对策建议。通过对理论和实证研究结果的综合分析，归纳出高管连锁网络对企业研发投入的影响机理，在上述研究的基础上，针对如何配置创新要素以驱动高新技术企业创新提出对策、建议。

1.2.1.3　产业集群网络对企业研发投入的影响

（1）基于资源依赖理论和知识搜索理论，分析了网络关系、网络地位、网络惯例和知识搜索等要素对企业研发投入的影响机制。

（2）利用结构方程模型来验证网络关系、网络地位与知识搜索、研发投入之间的相关关系，用层次回归分析法验证网络惯例对于网络嵌入性与知识搜索之间的调节作用。

（3）运用模糊集的定性比较分析方法研究前因变量之间的组合关系对企业研发投入的多重路径。

1.2.2　基本研究思路

本书结合市场失灵理论、信息不对称理论、企业生命周期理论、高阶梯队理论、网络嵌入理论、资源依赖理论和注意力基础观等多个理论以及企业创新实践，分析相关研究趋势和研究不足，提出政府补助政策、企业高管连锁网络以及产业集群网络等外部环境对企业研发投入影响这一研究主题，综合运用理论研究、回归分析、博弈分析、定性比较分析等研究方法开展研究，具体研究思路如图1-1所示。

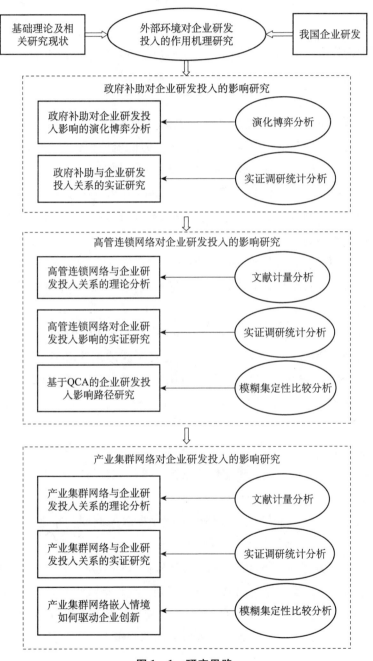

图1-1 研究思路

1.3 主要研究方法

运用理论分析、演化博弈方法、多元回归分析方法、社会网络分析以及模糊集定性比较分析等方法，研究外部环境对企业研发投入的影响，具体方法包括以下六种。

（1）文献研究。文献研究是开展本书研究的基础方法，通过对国内外关于政府补助、高管连锁网络、研发投入等相关文献的梳理和分析，掌握这些领域的最新研究，为提出研究问题和相关假设提供了有力的理论支撑。

（2）博弈分析。运用演化博弈理论，建立政府和企业之间的演化博弈模型，通过对政府和企业的策略稳定性分析，从理论上剖析政府补助的不同维度对企业研发投入行为的影响。

（3）实证研究。在收集相关数据的基础上，借助 Stata 软件对各变量之间的关系进行回归分析从而对提出的研究假设进行检验以及稳健性检验以保证研究结论的可靠性。

（4）社会网络分析法。社会网络分析是对社会网络的关系结构以及属性分析的一套规范和方法。利用从国泰安数据库获取的上市企业董监高信息，构建高管与企业二模关系矩阵，通过使用 UCINET 将二模矩阵转换成企业与企业矩阵，分年份构建网络，继而运用 UCINET 获取高管连锁网络的相关指标。

（5）文本分析法。采用自动文本分析法测量高管团队创新注意力。文本分析分为抽样、选择分析单元、建立量化系统、编码和计算五大步骤，利用 Python 编程语言中的"结巴"中文分词模块，截取上市企业年报中的"经营情况讨论与分析"的内容进行文本分析，用 Python 程序提取关键词，并建立关键词词表，测量高管团队的"创新注意力"指标。

（6）模糊集定性比较分析。定性比较分析（QCA）方法从整体角度出发，基于集合论的思想，旨在探究因果复杂性问题，允许通过识别导致相同结果的自变量组合来解释"多重并发因果关系"，本书研究运用模糊集定性比较分析方法可以分析多因素综合作用下企业高研发投入的路径组合。

1.4 主要研究结论

1.4.1 政府补助对企业研发投入的影响

通过对政府补助规模和政府补助连续性对不同生命周期制造业企业研发投入影响的探究，对政府补助政策实施效果进行全面分析，得到以下结论。

（1）政府补助规模、政府补助连续性以及增大研发投入产出转化率均可以引导企业进行研发活动。增大对企业挪用补助行为的处罚和增大政府监管成功的概率对企业道德风险的出现有一定的制约作用，从而可以激励企业进行研发。政府在实施补助政策的同时，建立对企业研发信息的收集机制、完善专利保护的法律法规、增大处罚机制，可以有效增强政府补助的激励效应。

（2）政府补助规模对不同生命周期的制造业企业的研发投入产生了不同的影响，而政府补助连续性对各生命周期的制造业企业的研发投入均产生了激励效应。因此，政府在保持补助政策稳定性的同时还应该细化补助政策，使政策更具针对性，以提高补助资金的使用效率。

（3）对于成长期的制造业企业而言，政府补助规模与研发投入呈显著正相关关系。成长期企业为争夺市场份额，谋求发展，其创新积极性较高，但苦于企业资金不足，使其研发活动难以展开。政府补助不仅为企业提供了直接资金，而且缓解了企业的融资约束，为企业研发创新提供充足资金，促进企业的研发投入。

（4）对于成熟期企业而言，政府补助规模与研发投入无显著关系。成熟期企业产品和技术已经成熟，资金充裕，且研发行为已形成一定的路径依赖。此时，政府补助很难对企业的研发产生影响，政府可以考虑通过其他的政策手段，如通过引导产学研合作、构建创新平台等方式对成熟期企业的研发进行干预。

（5）对于衰退期企业而言，政府补助规模与企业研发投入呈倒"U"型关系，即政府补助对企业研发投入存在区间效应，当政府补助处于合适的区间时，可有效促进企业研发投入的增加，超过这一区间，便会抑制企业研发投入。

1.4.2 高管连锁网络对企业研发投入的影响

通过回归模型分析高管连锁网络、创新注意力与企业研发投入之间的关系以及定性比较分析以上各主要变量对企业研发投入的协同作用，得到了以下结论。

（1）高管连锁网络中心度对企业创新投入有积极的促进作用。中心度高的企业是高管连锁网络的链接枢纽，企业可以通过网络迅速高效获取资源、了解市场需求，获得市场先机，更快识别创新机会，降低创新不确定性。高科技企业创新的需求和创新动力较高，位于网络中心位置的企业会积极主动利用网络资源，提升企业创新投入。

（2）结构洞越丰富越有利于企业增加创新投入。具有丰富结构洞的企业，在网络中占据着优势位置，获得高质量的异质性资源，在市场中占据有利竞争位置。企业通过结构洞可以缩短信息传递的路径、加速信息的流动，控制信息流为其服务，从而提升资源利用效率，有利于降低创新风险，促进企业创新。

（3）创新注意力对企业创新投入具有积极促进作用。创新注意力代表高管团队对于创新的关注程度，创新注意力较高的企业，在高速变化的动态环境中可以更敏锐地捕捉政策环境和市场环境变化，继而通过合理分配创新注意力实现想法和行动的统一，进行高效的创新决策，更好地整合创新资源、优化组合创新方案、提高创新投入。

（4）创新注意力对网络中心度与企业创新投入间的关系存在调节作用。创新注意力负向调节中心度与创新投入之间的关系，高中心度的企业通过高管连锁网络会获取大量信息，海量信息会影响管理者注意力配置，具有高度创新注意力的高管团队，在面对多样化信息时易产生紧迫危机感，在处理不同企业的复杂问题时可能产生分歧和冲突，导致创新战略决策难以达成共识，因此，降低信息处理和创新决策的效率，不利于企业提高创新投入，从而不利于促进企业长期发展。

（5）高新技术企业高研发投入包括三类因果复杂机制，即创新资金驱动型、环境驱动型以及多资源驱动型。创新资金驱动型强调企业高创新投入是创新注意力、盈利能力与政府创新补助协同作用的结果，即对于关注创新的企业而言，创新资金是核心条件；环境驱动型表明企业高创新投入是创新注意力、政府创新补助和行业竞争压力协同作用的结果，即对于关注创新的企业而言，政府的创新补助和行业竞争是核心条件；多资源驱动型强调企业高创新投入是盈利能力、政府创新补助等双重资金支持以及网络信息资源协同作用的结果。

1.4.3 产业集群网络对企业研发投入的影响

通过回归模型分析产业集群网络、知识搜索与企业研发投入之间的关系以及定性比较分析以上各主要变量对企业研发投入的协同作用，得到了以下结论。

（1）网络嵌入性不同维度对知识搜索方式、知识搜索策略具有不同的影响效应。网络关系数量、网络关系质量、网络中心性皆正向促进本地搜索，网络关系数量促进跨界搜索；网络关系数量、网络中心性正向促进搜索广度，网络关系数量和质量正向促进搜索深度；跨界搜索和搜索广度均与知识源获取渠道有关，当企业在网络中拥有越广的网络联系，更有可能选择跨界搜索，因而搜索广度也会增加；企业开展本地搜索时，一般受企业自身资源限制。如果企业仅与少数企业建立稳定的联系，在本地网络内开展深度搜索能够节省成本，并且搜索到可靠知识易于被企业吸收利用。

（2）网络嵌入性不同维度对企业研发投入具有不同的影响效应。网络关系数量、网络中心性与研发投入之间的直接关系不显著；而网络关系质量与研发投入之间的直接关系显著。

（3）知识搜索方式与知识搜索策略对研发投入均具有直接影响关系。

（4）网络关系数量对于研发投入没有直接影响关系，而加入知识搜索方式和搜索策略后，网络关系数量通过跨界搜索、本地搜索、搜索广度和搜索深度的完全中介作用，能够显著影响研发投入；网络关系质量对于研发投入有直接的影响作用，本地搜索在网络关系质量与研发投入之间存在显著的部分中介作用；网络关系质量对研发投入具有直接的影响作用，搜索深度在网络关系质量与研发投入之间也起部分中介作用；网络中心性对研发投入没有直接影响关系，加入本地搜索和搜索广度作为中介变量后，均能够显著影响研发投入，且本地搜索和搜索广度均起完全中介作用。

（5）网络惯例能够显著加强网络关系数量对跨界搜索的影响，也能够显著加强网络中心性对本地搜索的影响；网络惯例对网络关系数量与本地搜索、网络关系质量与本地搜索之间无显著调节作用；网络惯例能够显著加强网络关系数量、网络关系质量与搜索广度的影响，也能够显著加强网络中心性与搜索深度的影响；网络惯例对网络关系质量与搜索深度之间的关系无显著调节作用。

（6）在以知识搜索方式为中介变量的模型中，共发现 4 条路径。构型 La1：与少数网络成员建立稳定的网络联系、占据更高的网络中心性、在网络惯例作用下开展本地搜索，当进行低程度的跨界搜索能够提升研发投入；构型 La2：与构型 La1 的区别在于，跨界搜索的出现与否成为不确定因素，两个构型的一致性分数和覆盖率比较接近，此构型中的跨界搜索对企业提升研发投入无明显作用；构型 Lb1：企业在网络中拥有广泛的弱联结关系，其中占据较高中心地位的企业，即使没有明显的惯例作用，仅进行跨界搜索也能提升研发投入；构型 Lb2：当企业在网络中建立多重网络联系，保证持久稳定的网络联系，并且越居于中心地位，在网络惯例调节下进行跨界搜索和本地搜索均能显著提升研发投入，这种构型的净覆盖率最高。

以知识搜索策略为中介变量的模型中，也发现 4 条路径。构型 Ha1：企业与少数成员建立稳定的网络联系，并占据高中心地位，在网络惯例模式下，进行深度搜索也能显著促进研发投入提升；构型 Ha2：与构型 Ha1 相比，企业拓宽知识搜索广度，因而原生覆盖率提升，但是净覆盖率反而比构型 Ha1 低；构型 Hb1：与构型 Ha 相反，企业建立广泛的弱联系，无惯例作用，以广度搜索为主，也能提升研发投入，但是这种路径的原生覆盖率最低；构型 Hb2：与构型 Hb1 相比，企业满足所有前因条件，企业显著提升研发投入作用明显，路径覆盖率达到最高。

第 2 章 相关理论回顾

2.1 市场失灵理论

2.1.1 公共物品与外部性

萨缪尔森用两分法对公共物品和私人物品进行了系统的定义，即相对于私人物品，公共物品具有非竞争性和非排他性（Samuelson，1954）。基于这一划分方法，布坎南（Buchanan，1965）和奥斯特罗姆（2000）进行了更深入的研究，他们认为在公共物品和私人物品间还存在着中间状态的物品，即非纯公共物品的状态，分别提出了俱乐部物品以及公共池塘资源等概念。韦埃克（Ver Eecke，1999）通过对以往学者关于公共物品的研究的总结梳理，提出了公共物品所具有的特征，即物品获利机会存在，但难以实现。从以往学者的研究中可以概括出公共物品具有非竞争性、非排他性和外部性的特征。

外部经济概念由马歇尔在著作《经济学原理》中提出。随后，庇古对外部性问题进行系统分析，外部性理论初步形成。外部性分为正外部性和负外部性。如果某个市场主体的经济活动使其他市场主体即使不花费任何代价也可以获得收益，就说明这项经济活动存在正外部性。如果某个市场主体的经济活动不需要付出任何成本就能使其他市场主体的利益受到损失，就说明这项经济活动存在负外部性。公共物品的非排他性，便是正外部性的一种特殊形式（林成，2007）。由于这种正外部性的存在，生产商通常不愿意进行公共物品的生产。

2.1.2　市场失灵与政府补助

企业的技术创新具有公共物品的特征，创新的成果并不完全是排他的，其他企业可以通过"搭便车"行为来占有创新企业的部分收益。这种由知识溢出产生的正外部性不仅使企业无法独享创新收益，而且可能催生许多竞争对手，进而削弱了企业开展研发活动的积极性，导致研发投入减少，甚至不愿进行研发活动。这种情况会扭曲企业创新资源的配置，导致市场资源配置的低效率或无效率，从而引起市场失灵，使社会整体福利低于帕累托最优值。

政府干预可以有效解决市场失灵。庇古认为，政府通过向正外部性的供应者提供补助或向负外部性供应者征税，可以解决私人成本与社会成本以及私人利益与社会利益之间存在差距的问题，使市场机制可以正常发挥优化资源配置作用，矫正企业研发创新的市场失灵（刘怡芳，2017）。由此可以看出，给予开展研发创新活动的企业政府补助可以解决企业研发创新的市场失灵。政府补助弥补了企业由于正外部性导致的损失，保护了企业开展研发活动的积极性，进而提高了企业的研发投入。

2.2　信息不对称理论

2.2.1　逆向选择

传统经济学理论通常假设"经济人"拥有完全信息，而在现实生活中经济主体通常不具备完全信息，且收集信息的能力也十分有限。信息不对称理论的出现恰好填补了传统经济学在这方面的漏洞。20 世纪 70 年代，信息不对称概念由美国经济学家阿克洛夫（Akerlof）、斯彭斯（Spence）等提出，此概念的提出促进了现代经济学的发展。

信息不对称理论是指在市场交易中，各方经济主体所掌握的信息存在差异。信息的差异使得经济主体所占有的市场地位存在差异，相对于掌握信息较少的经济主体，掌握信息比较充分的经济主体在市场上占据较有利的地位。信息不对称导致在市场经济活动中逆向选择和道德风险的发生，也就是说处于信息优势的经济主体为牟取自身利益使另一方的利益受到损害（尹志超等，2011）。

企业的研发活动需要大量且持续的研发资金投入，通常企业内部的自由资金无法维持研发活动的开展。这种情况下，企业一般会选择寻求外部机构的投资。然而企业和外部投资者之间存在信息不对称，外部投资者处于信息的劣势方，其所拥有的企业研发相关信息是有限的。此时，外部投资者由于对企业研发信息的不完全了解和对信息真实性的质疑，可能会导致逆向选择，即没有对开展研发活动的企业进行投资。

2.2.2　信号传递与政府补助

信号传递理论是基于信息不对称发展起来的。由于信息不对称导致逆向选择和道德风险的存在，在市场经济活动中，无论经济主体处于信息优势还是劣势都试图通过某种信号来传递自己的"真实"信息。信号传递理论是由斯彭斯在 1973 年提出的，他通过研究发现由劳动者付出一定成本发送的某种信号有效地抑制了劳动力市场的逆向选择（Michael，1973）。信号传递理论的提出有效地解决了信息不对称带来的问题，被广泛应用于财务、社会制度、产业组织等领域（王钦池，2009）。

政府补助不仅向企业提供了直接的资金，而且还具有信号传递效应，可以帮助企业解决融资困境（王钦池，2009）。关于政府补助信号作用的研究始于莱纳（Lener），他认为，政府对企业研发活动的补助是一种政府对企业研发能力认可的信号，外部投资者被这种信号吸引，从而对企业研发活动进行投资（Lerner and Josh，1999）。在此之后，学者们分别通过实证分析（Feldman and Kelley，2006）和理论模型（Takalo and Tanayama，2010）验证了政府补助的信号传递作用。政府并不是盲目地对企业进行补助，政府会对企业的研发信息进行收集、分析和评估，最后筛选出补助的对象。企业获得补助会释放政府认可该企业研发能力以及该企业具有良好政治关系的信号。当这些信号传递给外部投资者后，外部投资者为较稳妥地换取高额且稳定的收益，会提升对该企业研发活动进行投资的意愿。

2.3　企业生命周期理论

2.3.1　企业生命周期理论发展

海尔（Haire，1959）首次提出企业生命周期的概念，认为企业的发展符合生物体的成长曲线，会经历初生、成长、成熟直至衰退死亡的整个生命过程，而且每个时期的企业都各具特点。随后学者们对企业生命周期的特性进行了系统研究。加德纳（Greiner，1965）指出，企业的生命周期不同于生物学中的生命周期，企业的生命周期有其特殊性，主要表现在：（1）企业具体的发展路径具有不可预期性；（2）企业可能停滞在某一个阶段，既不上升也不下降；（3）企业并非一定会走向灭亡，企业变革可以让企业重新开始一个新的生命周期。之后，爱迪思（1997）在以往研究的基础上构建了企业生命周期模型，将企业从诞生、成长、成熟和衰退四个时期考虑，通过相关指标将四个时期细化为十个阶段，认为企业在每个时期都存在特有的影响因素和风险。爱迪思建立企业生命周期模型预示着生命周期理论的研究进入成熟和完善阶段。到了20世纪末，我国学者陈佳贵（1995）在以往研究的基础上，在企业衰退期后加入了蜕变期，蜕变期是衰退期后企业可持续发展的关键阶段。

2.3.2　不同生命周期阶段的企业特征

（1）初创期企业特征。

初创期的企业成立时间短，缺乏生产资源，仍处于生产和管理的探索阶段。生产规模小、市场地位虚弱、缺乏竞争力、生产经营活动的盈利能力低是初创期企业的典型特点。企业内部资金缺乏，并且在金融市场中信用度低，难以获得外部融资。这个时期外部环境对企业影响很大，企业较依赖政府部门的支持。因此，这个时期的企业必须首先面对"生存"问题。该阶段企业具有较强的创新意识，经营战略灵活但产品方向不稳定。

（2）成长期企业特征。

成长期是企业由弱到强的时期。该时期的企业，初步制定了有效的管理规章制度，企业开始进入规章实效化管理程序。产品的市场认可度稳步提高，生产工艺及设备逐渐成熟配套。生产规模提升，产品成本显著下降，企业进入盈利状态。企业资本获取渠道增加，市场竞争能力逐渐增强。此时，企业主要面临的是"发展"问题，为了保持现有的发展速度，企业会不断创新，寻求新的利润增长点。

（3）成熟期企业特征。

成熟期的企业成长速度趋缓，但利润激增。该时期企业资金充裕、技术先进、管理水平高、市场运作基本形成体系。市场占有率高，盈利水平达到高峰，具有较强的生产能力和市场竞争能力。但由于企业内部保守思想滋生，组织凝聚力开始削弱，同时企业产品和技术研发陷入瓶颈，使得企业的创新意愿锐减。

（4）衰退期企业特征。

衰退期企业资产负债率高，外部融资难度大。虽然产品仍有一定市场规模，但已经无利可图甚至亏损严重。产品逐渐被市场上其他产品替代，产品销量下降，利润下滑。企业内部缺乏研发创新资源，研发创新活动难以开展，不再具备市场竞争力。此时的企业主要面临的是生存的困境。

2.4　高阶梯队理论

自汉布里克等（Hambrick et al.，1984）的开创性文章发表以来，高阶梯队理论成为战略管理领域最为重要的领导力理论。

2.4.1　高阶梯队理论的主要贡献

高阶梯队理论最为重要的贡献是在领导力研究受到严重质疑、制度主义及环境决定论占据主导地位的特定历史背景下，重新将高层领导这一重要的变量引入战略研究领域，并证明它们在战略选择以及公司绩效中的重要影响（Hogan，2004）。高阶梯队理论以及由其发展而来的战略领导力理论，以高层管理人员（主要为 CEO）或高管团队（Top Management Team，TMT）的人口背景特征作为更深层次的个性、认知、行为等心理特征的代理，极大地方便了数据的获取，保证了分析的可靠性，改善了高管层面领导力研究的数据易获性问题（Pettigrew，1992）。

2.4.2　高阶梯队理论发展趋势

高阶梯队理论在其研究的广度和深度两个方面呈现出新的发展。在广度方面，研究的对象从资深高管向 TMT 延伸，研究者继续寻找新的背景变量，尤其是较为特殊的背景变量来提高解释的力度，如跨国工作、研发经历等（Carpenter et al.，2004；Finkelstein and Hambrick，1996），这些变量在解释公司国际化、研发及创新战略时比传统的年龄、性别、任期、专业等较为复杂的背景变量具有更高的解释力。在深度方面，芬克尔斯坦等（Finkelstein et al.，1996）将高阶梯队理论拓展为战略领导力，并开始直接检验高管的心理特征，如个性、认知、价值观，以及团队动态过程等，考察这些主观变量对于信息处理和战略决策的影响。高阶梯队理论在这些不同层次中的新发展，一定程度上回应了以上批评，维系了该理论持久的生命力。

同时，高阶梯队理论继续挖掘影响高管行为发生的边界条件，CEO 的管理自主权或者行动自由成为最重要的情境因素（Finkelstein and Hambrick，1996；Hambrick and Finkelstein，1987）。CEO 的管理决定权受其所处的外界环境、内部组织、CEO 个人特征的影响，高自主权类似于米舍尔（Mischel，1968）所说的"弱情境"，即情境特征模糊不足以规定行动措施时，决策者的个人参照系而非情境的客观特征成为行动基础（Finkelstein and Hambrick，1996）。芬克尔斯坦等（Finkelstein et al.，2007）增加了管理自主权的第 4 个来源，即管理活动，通过引入行动水平的分析，使得管理决定权呈现动态特征。另外，汉布里克等（Hambrick et al.，2005）提出了另一重要的情境因素，CEO 的任务、绩效挑战性以及抱负决定了执行官工作要求，进而调节 CEO 与战略结果之间的关系。这一新的情境变量进一步加强了高阶梯队理论与组织行为和产业组织心理学的联系，动机（如成就或权力动机）、激励（如薪酬结构）等理论可以指导更为严谨的研究（Hambrick et al.，2005）。

2.5　网络嵌入理论

2.5.1　网络嵌入性的内涵

"嵌入性"这个说法最早出自波兰尼（Polanyi）的研究著作《大变革》，书中指出人类的经济行为不可避免地受到经济与非经济制度的影响。格兰诺维特（Granovetter，1985）将这个观点延伸到经济主体的行为层面，来说明企业的经济行为不是独立进行的，而是通过某些方式嵌入社会结构中，并将这种嵌入方式划分为结构嵌入和关系嵌入，该说法在多个研究领域得到学者们的广泛认可。在格兰诺维特（1985）理论的基础上，学者们做了大量的相关研究。哈琳恩和托恩斯（Halinen and Tornroos，2013）认为，企业与各类网络主体互动形成的关系和相互依赖的行为称为网络嵌入性。吴松强（2017）指出，创新网络由小微企业与外部组织（客户、供应商、政府、大学科研机构、创新中介机构等）及创新环境（经济、制度、文化环境）构成，网络内各主体之间由于交往和互动形成的各类关系及关系的紧密程度称为创新网络嵌入性，小微企业的行为将受到创新环境和网络关系的共同影响。古拉蒂（Gulati，1998）指出，企业能够从创新网络中获取有效的资源和知识，但只有建立较强联系的网络成员间才存在有效资源和知识的传递。

2.5.2　网络嵌入性的维度

有关企业创新网络的相关研究，一般将网络嵌入性划分为关系特征和结构特征。波特（Burt，1992）用网络关系和网络位置对创新网络的特征进行测度；格兰诺维特（Granovetter，1985）基于以往的研究，构建网络关系和网络结构的整体研究视角，成为后来学者们的研究依据。网络关系特征主要关注企业之间的社会关系，通过企业之间的社会关系来限定企业的行为和过程；网络结构特征的研究最早起源于社会学，学者认为网络结构特征的不同会影响网络中资源的数量、类型和传递质量，因而企业的技术创新很大程度上依赖于网络结构特征（曾萍等，2017）。目前，从网络关系特征和结构特征研究产业集群企业技术创新是一个热点。产业集群网络内部的沟通协作关系由网络关系特征展开；资源获取、转移和利用由网络结构特征展开（吴松强等，2017）。

（1）网络关系特征。国内外学者对网络关系特征的界定有所不同。国外学者认为衡量网络关系的要点在于交往频率和深入性，因此将关系强度、关系质量和互惠程度作为网络关系特征的指标（Bell，2005）。国内学者则以关系紧密程度、信任程度、关系多样性、关系稳定程度和关系持久性等来衡量网络关系特征，分别对应的客观指标是网络关系强度、关系质量、关系广度等，其中关系质量包含关系稳定程度和关系持久性（吴松强等，2017）。网络关系强度是指集群企业与合作伙伴之间关系的密切程度和互动频繁程度，关系广度是指企业在网络中能有效利用的外部关系数量（张悦等，2016）。

（2）网络结构特征。学者们最早从社会学视角来研究网络结构特征，一般从网络规模、网络中心性、网络密度、网络异质性来衡量。张悦等（2016）的研究认为，网络规模通常是指企业在网络内与其他企业直接联系的数目。网络中心性代表企业在网络中的地位，中心性越高则企业的资源获取能力和控制能力越强。网络密度是指网络中实际联结数量占可能产生的联结数量的比值，因此密度越高的网络，知识转移效率越高，流通程度越高。网络异质性主要衡量网络内存在知识主体类别的多样性。

2.6　资源依赖理论

2.6.1　资源依赖理论的发展

资源依赖理论萌发于 20 世纪 40 年代，随着社会时代的变迁发展至今，已经成为广泛应用于分析组织间相互关系的重要理论。不同学者根据其时代和研究现象的不同，所提出的组织关系的观点具有不同的侧重点，但究其根本都离不开是对两者或两者以上组织间相互作用关系的研究。

资源依赖理论在发展过程中，具有代表性的历程如下所述。1949 年，塞尔兹尼克对田纳西流域当局的经典研究为资源依赖理论提供了坚实的基础。田纳西流域当局作为当时美国最大的公共机构，它把电和先进的农业技术带到了南方的农村。田纳西流域当局意识到自身对于南方的地方精英存在依赖，于是就把这些地区精英纳入了自己的决策中。塞尔兹尼克把这一过程称为"共同抉择"，共同抉择涉及的组织之间权利的相对平衡是分析组织间关系的争论来源。1958 年，汤普森和麦克埃确立了组织之间合作关系的三种类型，即联盟、商议和共同抉择。1967 年，汤普森提出了一个综合性的组织的权利——依赖模式。汤普森指出，一个组织对另一个组织的依赖与这个组织对它所依赖的那个组织能够提供的资源或服务的需要成正比，而与可替代的其他组织提供相同的资源或服务的能力成反比。1970 年，与汤普森观点一致，扎尔德引入了一种"政治经济"视角。由于对资源的控制掌握在另一个组织的手中，所以焦点组织的自主性被削弱，为了解决这一问题，扎尔德认为组织可以运用正式和非正式的方式来互相影响。直到 20 世纪 70 年代，组织分析的重点才明确转向组织间的分析层次。

2.6.2　资源依赖理论提出的重要假设

目前绝大多数资源依赖理论的应用依据来源于杰弗里·普费弗（Jeffrey Pfeffer）和萨兰奇克（Gerald Salancik）在 1978 年出版的《组织的外部控制：一个资源依赖的视角》（*The External Control of Organizations*：*A Resource Dependence Perspective*）。其中指出了资源依赖理论提出的四个重要假设：第一，组织最关注的事情是生存。第二，没有任何组织能够完全自给自足，组织需要通过获取环境中的资源维持生存。第三，组织必须与其所依赖的要素发生互动。第四，组织的生存建立在控制与其他组织关系的能力的基础之上。

2.6.3　资源与持续竞争优势的关系

企业是资源的集合体。企业资源是指企业能够控制且实施的力量，可以分为物质资本资源、人力资本资源和组织资本资源。由于外部环境的不确定性和一个企业不可能得到自身发展所需要的所有资源，企业就会倾向于追求更多的资源来支持自身的发展与减少外部不确定因素带来的冲击（Pfeffer J and Salancik，1978）。资源依赖理论强调外部环境的不确定性对企业的影响（Hendry，2005），揭示了企业与外部环境之间的关系，企业通过自身的努力来改变自己、适应环境、减少对外部环境的依赖（Pfeffer J and Salancik，1978；Hendry，2005）。

企业之间的竞争归根结底就是资源配置方面的竞争（Klein et al.，2011），资源依赖理论认为，企业会从资源中寻找自己的竞争优势，如果企业的资源是难以复制和模仿的，就可以形成竞争优势的来源（Berger，1984；Barney，1991；Aldona and Karolina，2012）。一个企业的持续竞争优势来源于有价值的、稀缺的、不可完全模仿的以及不可完全替代的资源禀赋（Barney，1991），正是资源的这些特性导致了企业之间的盈利能力和长期差异。

当资源能为企业的战略实施提升效率时，才会被称为有价值的资源；当一个资源被大量竞争者拥有时，它也不能为企业带来竞争优势。这并不是说有价值但非稀缺性的资源不重要，虽然有价值但非稀缺性的资源不能为企业带来竞争优势，但也在激烈的市场竞争中为企业增加了生存的概率。

当资源无法被竞争者进一步获取时，它们带来的竞争优势才是可持续的，如果资源可以被完全复制和完全替代，那么企业的持续竞争优势也就无从维持。这些有价值、稀缺的、不可完全复制和不可完全替代的资源通常被竞争者视为"有吸引力的资源"。一个企业如果能够拥有"有吸引力的资源"，就能形成自身持续的竞争优势（Berger，1984）。这些有吸引力的资源包括资金、组织管理能力、技术创新能力以及市场营销能力等方面。

2.7　注意力基础观

2.7.1　注意力基础观的提出

美国学者赫伯特·西蒙（Herbert Simon，1947）将心理学中的注意力概念引入管理学，他认为有限理性决策者是否可以在信息上进行注意力的有效配置才是决定其决策的关键因素。奥卡西奥（Ocasio，2011）在注意力概念的基础上提出注意力基础观，其核心观点是，企业决策者的注意力配置影响着企业的战略选择和行为，即企业高层管理者注意力关注的焦点会影响其在决策时的选择判断，进而作用于决策时的行为。管理者决策时通常需要在多种解决方案中进行选择，最终选择结果取决于管理者将注意力配置在哪种解决方案上。而企业拥有的资源对于可供考虑的解决方案形成一定的约束，资源可以直接或者间接排除一些解决方案，管理者的注意力会更专注于可以实现的少数方案。因此，企业所拥有的资源对管理者注意力形成一定的制约，影响管理者决策时的注意力配置。

2.7.2　注意力基础观的应用

在注意力基础观的概念提出后，学者们将注意力研究拓展到管理学方面，而创新注意力则是注意力基础观关于组织创新行为特征的细化研究。创新注意力强调注意力基础观在创新行为中的运用。卡默等（Kammer et al.，2015）认为，注意力基础观强调了决策者注意力的可持续性，决策者需要根据企业发展动态，分配持续的注意力到企业创新活动中。可见企业家在创新注意力上的关注，有利于企业在充满竞争的外部环境中识别到创新机会，增加创新上的投入。郭韬等（2018）选择创业板制造行业进行研究，也证实了企业家的创新注意力越强，越有利于技术创新，进而会对创新绩效产生正向作用。

　　基于注意力基础观的研究，学者们对创新注意力的概念纷纷进行界定。郑江淮（2000）认为，注意力代表着决策者自身的认知能力，注意力可以分为管理注意力和企业家注意力，管理注意力代表管理者将注意力主要集中在企业的管理活动中，企业家注意力则代表决策者在创新活动上的注意力；李顺才等（2008），认为创新注意力包括对不确定性的态度，机会识别和对组织灵活性的倾向，创新注意力是组织创新必备的基本条件，通过创新注意力可以更深层次地了解组织的创新意愿、创新能力以及对待创新的态度，能够对组织创新行为有更深层次的了解；以吴建祖等（2016）从注意力基础观的三个基本原则（焦点原则、情境原则和配置原则）出发，认为创新注意力表示的是高管团队基于所在的决策情境将有限的注意力集中在与创新相关的议题或者解决方案上的强弱；陈等（Chen S et al.，2016）将创新注意力定义为企业对创新刺激的注意程度，认为对创新注意的关注度一般包括但不限于新思想和新知识的产生和交流、培训、新产品开发过程、专利申请和保护等方面。综上所述，创新注意力代表着研究主体对所有与创新相关的议题的重视程度。

第3章 相关研究现状

3.1 企业生命周期阶段的划分

海尔（Haire，1959）首次提出企业生命周期理论，认为企业如同生物体一样，都会经历从诞生到死亡的整个生命过程，而且不同时期的企业的特征存在明显差异。企业生命周期理论的提出，有助于我们根据不同生命周期的特征对企业的行为做出深入的解释和有效的判断。目前，学者们一致认为企业的发展存在显著的周期现象，但是，由于学者们的研究视角和切入点各不相同，企业生命周期的划分方法仍未达成统一。综合分析国内外学者的研究成果，企业生命周期的划分主要有三种方法：单变量分析法、综合财务指标分析法以及现金流组合法。

（1）单变量分析法。单变量分析法是指使用一个能反映企业经营状况和成长性的财务指标来衡量企业的生命周期。迪安杰洛（DeAngelo，2006）认为，企业生命周期的发展可以通过股利盈利的变化体现。因此，他采用企业留存收益/总资产来对企业生命周期进行划分。在迪安杰洛研究的基础上，罗琦（2015）和陈艳（2017）分别采用留存收益相对增长率和留存收益/权益总额作为划分其生命周期的主要依据。除了留存收益，学者们还提出了一些用其他财务指标作为划分生命周期的依据。李业（2000）提出使用销售额作为划分企业生命周期的指标。姚益龙等和宋常等在李业研究的基础上，提出销售额的增长这一指标比销售额更能反映企业的成长状况，把销售收入增长率作为划分其生命周期的指标（姚益龙等，2009；宋常等，2011）。还有一些不使用财务指标进行生命周期划分的方法。刘同新等利用机器学习算法构建模型，把企业用电数据作为指标对黑色金属加工及冶炼行业的企业进行生命周期阶段划分（刘同新等，2019）。

（2）综合财务指标分析法。有一些学者认为单一变量无法充分体现企业的经营和成长状况，于是提出了综合财务指标分析法，从多个维度构建综合财务指标对企业生命周期进行划分。安东尼和拉梅什（Anthony and Ramesh，1992）选择销售收入增长率、股利/收入、资本支出/价值和企业创立年限这四项能有效反映企业各个生命周期特征的指标来划分企业生命周期。其他学者的方法与安东尼的方法类似，只是选取的指标维度不同，都是对指标进行权重赋值，然后对生命周期进行综合评价。曾志坚和周星（2015）采用净利润增长率、销售收入增长率、资本支出率来划分生命周期。高松等（2011）选取企业注册年限、销售额增长率、产品结构三个指标对企业生命周期进行划分。徐凤敏等（2018）认为，权重赋值存在主观臆想性，提出了基于综合指标的 Logistic 法来划分企业生命周期的方法，选取的指标为主营业务收入、营业成本、营业利润、总资产和所得税。

（3）现金流组合法。布莱克（Black，2001）发现，企业内部净现金流与各生命周期企业经营的特点有关，提出了用净现金流划分企业生命周期的方法。迪金森（Dickinson，2011）用 5 阶段生命周期模型，对不同阶段企业内部投资、筹资、经营净现金流进行研究，通过投资、筹资、经营净现金流的符号组合将企业的生命周期划分为五个阶段。谷丰（2018）和肖忠意（2019）都在迪金森研究的基础上用现金流组合法将企业生命周期重新划分为成长、成熟、衰退三个阶段。

3.2　政府补助对研发投入的影响

政府补助对企业研发投入产生怎样的影响，由于国内外学者研究的角度、选取的样本、研究方法的不同，目前对于这一问题并未形成统一的结论。关于政府补助效果的观点主要有以下两种：政府补助促进企业研发投入；政府补助抑制企业研发投入。还有部分学者认为政府补助对企业研发投入的影响是非线性的，在某个区间内会产生促进效应，在这个区间外又会产生抑制效应。

（1）政府补助"促进说"。政府补助可以促进企业研发投入的研究始于美国学者汉贝格（Hamberg），汉贝格（1966）研究发现政府补助与企业研发投入显著正相关。斯彭斯（Spence，1984）的研究也发现补助可以提高企业开展研发活动的积极性，进而使企业增大研发经费投入。此后，学者李（Lee，2010）、吴军

（Jun W，2010）、佩雷（Pere，2013）分别将不同规模的企业作为研究对象，研究结果表明，政府补助与各种规模企业的研发投入均存在显著正相关关系。波音（Boeing，2016）研究发现，政府补助会激励研发投入，发明质量、产权性质及市场化程度可以通过影响政府补助进而影响研发投入。凯洛（Cailou J，2018）通过阈值回归模型对补助与研发投资间的关系进行检验。研究发现，无论在哪个样本中，政府补助都在一定程度上促进了企业的研发投入。洪涛（Hong Tao，2018）认为，政府补助不仅可以在一定程度上促进企业研发投入而且存在 1~3 期的滞后。霍特诺特（Hottenrott，2020）研究了直接补助政策和贷款补助政策对高新技术企业研发投入的影响，发现两种政策均可以促进企业研发投资，且直接补助的效果更好。

相比上述国外文献，国内学者关于政府补助评价方面的研究起步较晚，但也取得了不少的成果，主要的代表性成果如下。王丽颖（2015）、郭迎锋（2016）、乔瑞红（2017）分别基于不同行业的数据进行研究，结果表明补助与各行业企业的研发投入都呈显著正相关。孟庆玺（2016）在 2011 年"五年规划"变更这一自然实验基础上构建双重差分模型对政府补助影响研发投入的机理进行研究，他认为政府补助发挥了资源效应从而增加了企业研发投入。喻青松等（2016）认为，政府补助对研发投入的促进作用存在"门槛效应"，即对希望得到外部投资且创新意愿大的企业，政府补助对研发投入的激励效应更显著。赵康生（2017）基于企业特征和环境特征的视角研究了研发补助效果的差异性，认为研发补助可激励企业研发投入且企业吸收能力越强、地区金融发展水平越高，这种促进效应越大。孙慧（2017）、张硕（2018）、王薇（2018）分别选取创业板高新技术企业、战略性新兴产业上市企业、创业板上市企业为研究对象进行实证研究，研究结果均表明政府补助对研发投入的影响具有滞后性，政府补助与当期研发投入无关，与滞后一期的研发投入呈显著正相关关系。张振华（2020）探讨了补助对半导体显示产业中上下游企业研发投入影响的差异性，研究发现，补助对上下游企业的研发投入都具有明显的诱导效应，且对上游企业研发投入的诱导性更强。石俊国（2019）将企业创新决策分为是否创新及投入多少两个阶段，发现政府补助对这两个阶段均产生激励效应，即政府补助既提高了企业开展研发活动的积极性，也促进了企业研发投入的增加。

（2）政府补助"抑制说"。目前，关于政府补助抑制企业研发投入的研究成果也比较丰富。利希滕贝格（Lichtenberg，1987）将政府补助作为内生变量进行研究，发现政府补助与企业研发投入显著负相关。瓦尔斯滕（Wallsten，2000）和德西德里奥等（Desiderio et al.，2014）分别基于中小企业数据进行研究，证实了政府补助挤出企业自身研发投入的客观存在。克劳森（Clausen，2009）对企业研发经费结构进行研究，发现当企业获得政府补助后，企业自身投入的研发资金将减少，即政府补助挤出企业自身的研发投入。同样菲利普（Philipp B，2015）在对中国企业数据研究时也发现，当企业获得政府补助后，会选择降低自身的研发资金投入。光明（Guangming，2016）研究发现，企业会挪用用于研发的政府补助对企业经营成果进行美化，然后才会将富余的政府补助投入研发活动中。玛丽安娜（Marianna，2016）考虑了政府补助规模的异质性，他将政府补助按规模划分为低、中、高三种水平进行研究。研究结果表明，对于中等水平的政府补助，在研发税收抵免制度下，挤出效应似乎更为明显。于（Yu F，2016）探究了产权性质对政府补助挤出效应的调节作用。研究发现，企业获得补助后，研发积极性并没有提高，反而挤出了企业自身的研发投入，并且企业所有权属性进一步调节了政府补助对企业研发行为的挤出效应。卡托泽拉等（Catozzella et al.，2016）通过建立双变量内生性切换模型，避免了企业异质性和样本选择来源的影响，研究表明当不考虑企业的异质性时，政府补助在一定程度上抑制了企业的研发投入。

国内学者安同良等（2006）通过博弈的方法进行理论分析，认为由于信息不对称的存在，政府直接对企业进行研发补助将产生"逆向"激励效果。吕久琴（2011）通过实证研究也得到类似结论，认为政府补助会挤出或替代企业的部分研发投入。孙维章（2014）发现了企业规模对政府补助挤出效应的正向调节作用，企业规模越大，政府补助对企业研发投入的挤出效应越显著。杨晔（2015）发现，政府补助的分配缺乏公平性，对国有企业存在明显补助倾向且直接补助的形式对企业的研发投入具有负向影响。许治（2012）通过系统动力学的分析发现，政府补助会使企业产生依赖，从而抑制了自身的研发投入。宋来胜（2017）建立随机前沿随机模型，利用省际数据研究发现在全国层面上政府补助对企业研发投入存在挤出效应，且均在1%水平上统计显著。

（3）政府补助"非线性"关系说。关于政府补助与企业研发投入存在非线性关系的研究起步相对较晚。盖莱克（Guellec，2003）发现，政府补助与企业自身研发投入的关系不只是一种简单的正相关或负相关关系，而是存在倒"U"型关系。政府R&D补助率在10%以内促进研发投入，超过10%，就会抑制研发投入。格尔克和斯特罗布（Goerg and Strobl，2007）认为，当政府补助规模较小时，政府补助激励了研发投入，而在政府补助规模较大的情况下，产生的是对企业研发投入的挤出。胡辛格（Hussinger，2008）的研究结果显示，政府补助与研发投入呈现着一种"U"型关系。政府补助在一定区间内会抑制企业自身研发投入，而超出该区间后，政府补助有效地促进了企业的研发投入。戴小勇和程立伟（2015）研究发现政府补助与企业研发总投入呈"S"型关系，与企业自身研发投入呈现一种先促进后抑制的倒"U"型关系。

张彩江（2016）研究发现，政府补助与企业研发投入呈倒"U"型关系，在政府补助达到一定值前，会促进自身企业研发投入的增加，当超出这个值时，对企业研发投入产生挤出效应。张辉（2016）和罗植（2018）都通过对政府补助门槛效应的研究，发现政府补助与企业研发投入存在倒"U"型关系。任海云（2018）利用广义倾向得分匹配法得出政府补助与研发投入存在非线性关系，随着补助资金的增加，补助对企业研发投入呈现先促进后抑制的作用。当补助达到一个临界值后，挤出作用超出激励作用，这个临界值就是最优补助。李经路（2018）研究表明，政府补助与研发投入呈现倒"U"型关系。政府补助应该控制在一个适当的范围内，否则就会产生挤出效应。程华（2020）研究了政府补助对纺织企业研发投入的影响，并分析知识产权保护水平与产权性质的调节作用。研究发现，政府补助与研发投入之间呈倒"U"型关系，政府补贴在一定界限内会促进研发投入增加，超过一定界限时会产生挤出效应。产权性质与知识产权保护水平都有显著调节效应，政府补助的激励效应在民营企业和知识产权保护水平高的地方更强。

通过对国内外相关文献的回顾可以看出，关于政府补助对企业研发投入会产生怎样影响的研究仍未得到统一结论。随着研究的深入，部分学者注意到政府补助的效果会受到某些特征的调节作用。这些研究从行业类型、企业规模和产权性质差异等静态角度去探讨政府补助规模如何影响研发投入，但是，这些研究忽视了政府补助政策的特性和企业发展的动态性。不同发展阶段的企业的资源基础、研发水平、融资能力以及发展战略等方面均表现出明显的差异，这种差异不仅会导致企业的研发投入决策存在差异，而且还会导致政府补助的效果存在差异。因此，考虑企业发展的动态性，探讨政府补助规模和政府补助连续性等维度对不同生命周期企业研发投入影响的差异将有助于解释政府补助对企业研发投入的影响机理。

3.3　高管连锁网络

3.3.1　高管连锁网络特征

随着世界经济一体化趋势的加剧，网络关系对于企业生存和发展越来越重要，企业需要通过不同的关系网络来获取各种所需资源。在不同的关系网络中，基于高管团队在不同公司任职而形成的连锁网络大大促进企业之间的交流和资源的整合，日益成为提升企业竞争能力的重要平台（张祥建等，2014）。

已有研究关于连锁网络结构的衡量包括网络中心度、结构洞、网络规模、网络密度（网络集中度）、网络异质性（网络多样性）、网络创新度、网络邻近性（地理接近度、行业接近度）、网络创新接近性（创新产业接近性、创新地理接近性）、网络专业性、联结强度、网络派系、网络距离和核心边缘等。其中，网络中心度和结构洞作为衡量企业的网络地位的指标受到学者们的普遍认同。社会网络学派认为，网络地位体现了企业对网络资源的控制力和对其他成员的影响力。网络中心度衡量企业处于网络中心位置的程度（Haunschild and Beckman，1998），测量方法主要有程度中心度、中介中心度和接近中心度。程度中心度表示企业在网络中直接关系的数量，程度中心度越高，表示与其他企业的直接联系越多；中介中心度衡量企业在网络中处于中间位置的程度，表示企业对于联系的控制能力；接近中心度则衡量企业与企业之间"距离"的远近，表示企业到其他个体的容易程度。结构洞关注的是企业与企业间联系的关系模式。结构洞主要包括有效规模、效率、限制度和等级度，其中限制度应用最广。限制度可表示企业结构洞的匮乏程度，限制度越低，则企业拥有的结构洞越丰富。

3.3.2　高管连锁网络与企业创新

高管连锁网络是企业获取信息的重要渠道，有助于管理者获得最新商业实践和整个商业环境的最佳概览，管理者凭借连锁行为可以进入"商业圈子"（Gulati，1999）。企业创新需要大量资源作为支撑，高管连锁网络可以为企业创新提供所需的关键资源和信息，这些资源和信息可以促使企业发现市场中的潜在机会

（Mazzola et al.，2016），并且企业通过收集和筛选相关信息，也可以增强其创新能力。研究发现高管连锁网络对于企业创新具有影响，如巴尔斯麦尔等（Bals-meier et al.，2014）认为，连锁董事网络对高新技术的研发会产生积极的作用；陈运森研究发现，连锁董事网络的存在会促使关联企业投资的趋同。已有研究发现高管连锁网络对企业创新具有重要的影响，但是关于连锁网络中心度与结构洞特征对企业创新的研究结论尚未统一。

关于中心度对企业创新的影响，一部分学者认为，接近于中心位置的企业与其他企业之间的联系越密切，可以凭借自身的位置优势，拥有更多搜集信息的渠道，得到更充足的创新资源，如张丹（2018）通过对制造业研究发现占据中心优势位置的企业资源获取能力较强，可得到更多资源，进而影响企业创新；另一部分学者持有相反观点，认为中心度程度越高，虽然会获取大量信息资源，但是其中会包含许多冗余信息，要处理这些信息会分散管理者的注意力，耗费资源，降低决策的效率。如严若森等（2018）使用系统 GMM 方法研究网络结构与研发投入的关系，发现中心度会负向影响企业研发投入。

关于结构洞对企业创新的影响，有学者认为具有丰富结构洞的企业，在网络中占据着更好的位置，拥有更多的竞争优势。企业通过结构洞可以联系到网络中不直接相连的企业，缩短信息传递的路径，加速信息的流动，提高资源利用效率（Uzzi，1997）；也有学者认为那些占有较多结构洞的企业具有中介优势，会获取大量异质性资源，对外界的依赖较小，面对的外部压力也相对较小（Battilana，Casciaro，2012），会降低企业创新的动力。如阿胡贾（Ahuja，2000）研究发现企业结构洞越丰富，发明的专利越少。

3.4 创新注意力

3.4.1 创新注意力的内涵

美国学者赫伯特·西蒙（Herbert Simon，1947）将心理学中的注意力概念引入管理学，他认为有限理性决策者是否可以在信息上进行注意力的有效配置才是决定其决策的关键因素。威廉·奥卡西奥（William Ocasio，1997）进而提出了注意力基础观，认为注意力是稀缺有限的资源，只能分配在相对较少的创新思想上，而企业行为是引导和分配决策者注意力的结果。在注意力基础观的概念提出后，学者们将注意力研究拓展到管理学方面，而创新注意力则是注意力基础观关于组织创新行为特征的细化研究。

基于前人的理论和研究，学者们对创新注意力进行了初步界定。郑江淮（2000）认为，注意力代表着决策者自身的认知能力，注意力可以分为管理注意力和企业家注意力，管理注意力代表管理者将注意力主要集中在企业的管理活动中，企业家注意力则代表决策者在创新活动上的注意力；李顺才等（2008）认为，创新注意力包括对不确定性的态度、机会识别和对组织灵活性的倾向，创新注意力是组织创新必备的基本条件，通过创新注意力可以更深层次地了解组织的创新意愿、创新能力以及创新行为；陈等（Chen S et al.，2015）将创新注意力定义为企业对创新刺激的注意程度，认为对创新注意的关注度一般包括但不限于新思想和新知识的产生与交流、培训、新产品开发过程、专利申请和保护等方面；以吴建组（2016）为代表的学者从注意力基础观的三个基本原则（焦点原则、情境原则和配置原则）出发，认为创新注意力表示的是高管团队基于所在的决策情境将有限的注意力集中在与创新相关的议题或者解决方案上的强弱。综上所述，创新注意力的提出为更加深入地分析企业创新行为提供了新的视角。

3.4.2　创新注意力与企业创新活动

创新注意力与企业的创新活动密不可分，企业在创新方面的注意力强度在很大程度上可以决定企业的研发投入，从而对企业的创新绩效产生影响。托马斯（Thomas，1988）提出，若将管理者的注意力集中在捕捉新的创新刺激因素上，管理者更有可能将资源、努力和权威投入创新中。学者们关于创新注意力对创新绩效或者研发投入的影响基本上达成一致意见，即高层管理者创新注意力的提升会带来企业研发投入（Shepherd et al.，2017）、专利数量（Kaplan，2008）以及创新绩效（Abrahamson and Hambrick，1997）的增长。如亚达夫等（Yadav et al.，2007）认为，高管团队的创新注意力与创新行为正相关，CEO 将注意力集中在未来事件和银行的外部问题将导致银行更致力于互联网技术和服务。

创新注意力对企业国际战略以及开拓新市场等创新行为也有着直接显著影响，企业的注意力越集中在创新方面，企业战略会表现得越积极，如艾格斯（Eggers，2009）发现，CEO 越关注创新科技，企业会越快进入和拓展新市场；

CEO 的注意力集中在现有科技时，企业进入新市场的速度会放缓。纳德卡尼等（Nadkarni et al.，2008）发现，创新注意力在环境背景和战略行动之间也可以充当中介桥梁。

基于注意力基础观和有限理性人的假设，注意力是一种稀缺资源，企业高管在决策时需要在多种方案中作出选择，最终的战略选择和决策结果取决于高管注意力的焦点，即高管团队如何配置有限的注意力会决定高管团队的战略决策（Ocasio，2011）。行为理论认为意识决定行动，管理者的创新行为是首先映射在创新注意力上，研究表明高管的注意力越关注于创新方面，企业越倾向于将资源投入创新活动。企业的创新活动对于企业发展的重要性不言而喻，关于企业创新活动的影响因素的研究众多，将创新注意力配置与创新行为相结合，可以丰富企业创新领域的相关研究，也可以解释在解决战略调整过程中管理者作用的争议问题；同时关于创新注意力对创新行为和绩效的影响作用的研究，为企业的管理者和决策者在决策之前应该关注创新的哪些相关议题提供一定借鉴意义。

通过对相关文献的梳理发现，已有关于高管连锁网络与企业研发投入的相关研究还存在以下不足：第一，少有直接分析高管连锁网络对于企业研发投入影响的研究。多数学者构建的连锁网络仅依据董事是否兼职，然而，企业的董事、监事和高管团队对于企业创新战略都具有重大影响，因此，将监事、高管纳入网络，构建因董监高兼职形成的高管连锁网络更符合现实情境。现有研究分析高管连锁网络与企业创新的文献多集中在研究创新绩效、企业价值，直接研究企业研发投入的文章还比较少。第二，企业最终的战略选择和决策结果取决于高管注意力的焦点，创新注意力在环境背景和战略行动之间具有重要影响，然而，鲜有学者研究连锁网络、创新注意力与研发投入之间的关系。

3.5　网络嵌入性不同维度的相关研究

3.5.1　网络关系特征

关于网络关系特征与创新之间的相关研究，国内外学者分别从不同角度进行。

国外学者主要从网络关系特征本身出发，研究其与企业创新行为的关系，但是这类研究仍存在争议。比如对网络关系强度与创新行为之间的关系存在两种观点：乌齐（Uzzi，1997）认为，强关系有利于企业创新资源的获取，因此网络强关系有利于创新绩效；而格拉诺维特（Granovetter，1985）认为，相比强关系传递冗余的显性知识而言，弱关系为企业创新带来更多异质性丰富的资源，从而更加促进企业开展创新活动。

而国内学者对网络关系特征的研究大致分为两类：（1）从网络关系特征与中介变量的视角来研究两者对创新绩效的影响作用机制。例如，曾萍等（2017）发现外部网络关系特征通过影响企业的吸收能力、知识管理能力来间接影响创新绩效的提升。施放和朱吉铭（2015）通过浙江省高新区企业数据研究了创新网络关系强度与组织学习和创新绩效之间的关系。（2）研究网络关系特征对创新行为的直接影响。部分学者则通过分析网络关系特征的各个方面来研究其如何影响企业创新绩效的提升，并取得一些成果，例如谢永平和王晶（2017）发现联盟网络关系强度与创新绩效之间呈倒"U"型关系，网络关系质量正向影响创新绩效。徐建中等（2017）将成员间关系质量划分为关系耦合、关系持久度和交互作用来研究企业外部关系质量对低碳技术创新的影响。

已有关于网络关系特征与企业创新之间的直接、间接关系的研究已经成熟，研究间接关系时学者主要通过中介变量如组织学习、吸收能力和知识管理能力，深入分析了网络关系特征作用于企业创新的影响过程。知识管理可以归为组织学习过程中的一个环节，以往研究主要基于企业的自身能力来研究网络关系特征与企业创新之间的关系。然而研发投入作为企业创新活动开展之前的一个重要决策，鲜有学者考虑到创新网络中企业的资源依赖现象，以及知识丰富度对于企业研发投入决策的影响，因此较少研究基于这个角度来研究知识资源对研发投入决策的影响机理。

3.5.2 网络结构特征

国内外对网络结构特征与企业创新之间的关系也做了大量研究。网络中心程度影响企业的资源获取效率，企业在网络中的位置越靠近中心，则知识获取路径越短，从而在创新中更容易产生主导性（Tsai，2002）。网络密度越高，知识以最短路径传播，从而传递效率越高，因此正向影响企业的创新行为（张悦等，2016）。网络规模影响企业获得新资源的广度和丰富度，从而影响企业创新绩效的实现（张悦等，2016）。

有关研究主要从网络结构特征影响资源的获取途径和转移效率角度，做了网络结构特征与企业创新之间直接关系的验证，然而较少研究考虑到企业自身的知识搜索行为也影响了资源获取途径和吸收效率，因此鲜有文献将知识搜索纳入研究框架。

3.6 企业研发投入的影响因素

在经济全球化浪潮下，企业需要进行不断的创新来保持市场地位，研发投入作为企业创新产出的必要条件，对研发投入的研究有助于探究企业的创新机制，对于企业要如何进行创新提供了一定的借鉴意义。基于创新的重要性，国内外学者十分关注对于研发投入影响因素的研究，影响因素可以分为企业内部因素和外部环境因素。

内部因素是企业自身特征方面，可以分为组织层面特征和高管特征。组织层面主要包括企业规模、组织集权度、企业年龄、产权性质、组织文化、组织规范以及企业财务状况等。例如，李玲等（2019）对创新板上市公司的研究发现企业的盈余波动性正向作用于研发投入，盈余波动性越大，公司的研发投入会越多；孙晓华等（2017）研究发现，工业企业的所有权性质都会对研发决策产生影响。高管特征包括高管的人口统计特征、高管异质性、创新注意力和股权集中度等。丁明智和张浩（2019）以高新技术企业为研究对象，发现企业核心高管的权力越大，创新投资会越低，而且企业性质、非沉淀冗余与核心高管权力会产生交互效应，作用于企业的创新投资；郭等（Kuo et al.，2018）发现，公司董事的教育水平正向作用于研发投入；谢泼德等（Shepherd et al.，2017）研究发现，高层管理者创新注意力的提升会带来企业研发投入、专利数量以及创新绩效的增长。

外部环境因素主要包括政府政策、外资引入、市场环境、企业的外部关系等。程华等（2020）以纺织业为对象研究发现，政府补贴与研发投入之间的关系呈倒"U"型关系；石光（2012）对工业制造业的研究发现竞争程度与企业创新存在倒"U"型关系，适度竞争更能够促进企业开展创新活动；贾慧英（2018）研究发现，行业的技术动荡性会影响企业的研发投入跳跃；谢子远等（2017）从外资引入角度的研究发现相比较于外资企业，内资企业创新强度较高，而且外资企业技术水平与研发投入成反比。企业的外部关系因素主要包括与政府的关系、与科研机构和学校的联系（产学研网络）以及与企业之间的关系（创新联盟网络、供应链网络、连锁董事网络等）。王菁（2019）研究发现，有政企联系的公司在未实现期望绩效时，对研发投入的正向反馈效果会降低；谢宗杰（2015）以演化博弈的方法研究发现创新联盟的知识创造能力会影响企业的研发投资策略。

通过梳理文献发现，目前鲜有文献从研发投入的决策者角度出发来探究企业内部因素和外部网络对于高研发投入的组合路径。根据高阶梯队理论，高管是企业的主要决策者，高管团队对于企业创新决策具有重要影响力，从研发投入的影响因素来看，高管异质性和高管连锁网络分别作为企业内部因素和外部环境对于企业研发投入产生重要影响，因此，有必要将企业内外部因素结合起来研究对企业研发投入的影响。

第4章 政府补助对企业研发投入
影响的演化博弈分析

研发投入是企业开展研发创新活动和在日益激烈的市场竞争中保持可持续发展能力的基础。然而，研发活动具有公共物品的外部性特征，存在知识溢出。企业由于知识溢出削弱了创新的积极性，甚至可能不愿意创新，将原本用于创新的各种资源投入其他领域，比如扩大再生产（邓若冰，吴福象，2017）。同时，研发活动的高投入、长周期以及创新结果不确定等特点（李香菊，杨欢，2019），导致研发活动具有较高风险，使研发支出往往成为被削减的对象（王昀，孙晓华，2018）。基于以上原因，企业创新可能出现市场失灵，仅靠市场机制无法激励企业持续开展研发活动。因此，若要提高企业开展研发活动的积极性，激励企业加大研发投入，政府必须发挥调控职能，通过政府补助来矫正研发创新活动的市场失灵。

关于政府补助影响企业研发投入这一研究主题，国内外学者开展研究的角度、选取的样本以及研究方法各有不同，所得研究结论既有激励效应又有挤出效应。激励效应是指政府补助会促进企业研发投入。佩尔（Pere，2013）以制造业作为研究对象，研究发现政府补助与企业研发投入显著正相关。霍特诺特（Hottenrott，2020）研究了直接补助政策和贷款补助政策对高新技术企业研发投入的影响，发现两种政策均可以促进企业研发投资，且直接补助的效果更好。郭迎锋等（2016）研究发现，政府补助对企业自身研发投入有显著激励效应，而且这种激励效应随着工业化进程不断增强。郭玥（2018）实证研究表明，当高管具有研发背景时，政府创新补助对处于成长期的民营企业具有显著的创新激励作用；然而，在补助政策实施的过程中，政府和企业间的信息不对称会导致逆向选择和道德风险的出现。此时，会一定程度地降低政府补助的激励效应，甚至出现"逆向"激励（杨国超等，2017；安同良等，2009）。基于此，部分学者对政府补助的挤出效应进行研究，挤出效应是指政府补助会抑制企业研发投入。瓦尔斯滕（Wallsten，2000）和德西德里奥等（Desiderio et al.，2014）分别基于美国与西班牙企业的微观数据，通过实证证实了政府补助与企业研发投入负相关的客观存在。许治等（2012）通过系统动力学的分析发现，政府补助会使企业产生依赖，从而抑制了自身的研发投入。杨晔等（2015）发现，政府补助的分配缺乏公平性，对国有企业存在明显补助倾向且直接补助的形式对企业的研发投入具有负向影响。宋来胜等（2017）建立随机前沿模型，利用省际数据研究发现在全国层面上政府补助对企业研发投入存在挤出效应，且均在 1% 水平上统计显著。

综上所述，政府补助对于企业研发投入具有促进作用或抑制作用的观点均得到一些研究的支持。然而，这些文献都是基于政府单次补助情形研究政府补助对企业创新行为或者创新积极性的影响。实际上，当政府对企业研发活动分段多次补助时，各个时期企业对政府补助可能有不同的预期，政府也可能担心企业对研发补助在用途方面不诚信，因此，政府会加强监管以减少补助风险的发生。由此可见，政府与企业之间关于研发补助的博弈需要考虑更加复杂的因素。

根据以上研究背景，本章考虑企业可能连续获得政府研发补助的情形，引入政府的监管和企业诚信等变量，探讨政府补助对企业创新决策的影响是否会因为企业对政府补助的预期不同而发生显著差异，具体来看，就是政府补助规模、政府补助的连续性、政府监管的成功率、政府对企业不诚信的惩罚力度以及企业开展研发的收益等因素对企业研发投入有怎样的影响。考虑政府补助政策的管理特性以及企业的诚信，所构建的模型将更符合实际情况，因此，研究结论将更有实践指导意义。

基于有限理性的假设前提，本章建立政府和企业的演化博弈模型，探究政府补助行为对企业研发投入行为影响的动态演变过程。在博弈模型中，同时考虑了政府补助的两个不同维度，即补助的规模和连续性。为了更加直观地反映政府与企业之间的策略演化过程，博弈分析之后，运用 MATLAB 软件进行数值模拟仿真。

4.1　问题描述与基本假设

本书研究设计两类博弈群体：政府和企业。政府追求社会福利最大化且有两种策略选择：一是政府对企业进行补助；二是政府不对企业进行补助。企业追求利益最大化且也存在两种行为：一是不投入研发经费，不开展研发创新活动；二是投入研发经费，开展研发创新活动。该研究相关的 4 个假设条件如下。

（1）由于政府和企业都受认知、信息等限制，两群体均是在有限理性的基础上进行博弈。企业选择研发策略的概率为 x（$0 \leqslant x \leqslant 1$），选择不研发策略的概率为 $1 - x$。政府选择补助策略的概率为 y（$0 \leqslant y \leqslant 1$），选择不补助策略的概率为 $1 - y$。

（2）假设企业进行研发时，其研发投入为 R_1，生产运营成本为 C_1，投入产出转化率为 a，当企业不进行研发，只进行正常生产时，生产投入为 R_2，生产运营成本为 C_2，投入产出转化率为 b，且 $a > b > 1$。

（3）政府选择补助策略时，企业获得的研发补助额度设为 S，企业连续获得政府补助的次数设为 i。当政府对企业进行补助时，主要是考虑能获得多少补助收益，政府补助收益表现为社会效益和税收收入，设政府收益系数为 t。当政府进行补助，企业不进行研发并挪用补助时，由于政企间的信息不对称，企业只需付出一定的成本对不研发行为进行"粉饰"，便可以欺骗政府，隐瞒企业未进行研发的事实。但随着政府对企业的连续补助，政府会对企业的研发信息越来越了解，政企间的信息不对称得到缓解，这时若再要欺骗政府，企业付出的欺骗成本会越来越多。为简化模型，设欺骗成本为 iC，C 为单位欺骗成本。

（4）当政府给予企业补助时，会对企业是否将补助用于研发进行监管，政府的监管行为需付出一定成本 C_3。当企业获得补助且不进行研发时，由于政企间的"信息不对称"和企业对不研发行为的"粉饰"，政府的监管不一定成功，设政府监管成功的概率为 P。若政府监管成功，发现企业获得补助后不进行研发活动，政府不仅会追回补助资金，而且会对企业施以处罚，设政府对企业的处罚金额为 nS，n 为惩罚系数且 $n > 1$。当政府给予企业补助，企业的研发活动不仅获得了补助，而且还会获得大量的社会资源，如外部投资者的资金、政府扶持相关基建等，如果企业不开展研发活动，就会造成社会资源的损失，设此损失为 W。

4.2　博弈模型构建

政府的策略是补助和不补助，企业的策略是研发和不研发。当政府选择补助策略、企业选择研发策略时，无论政府监管是否成功，企业和政府的收益均不变，企业的收益为 $a(S+R_1)-C_1$，政府的收益为 $t[a(S+R_1)-C_1]-S-C_3$。当政府进行补助，企业不进行研发时，若政府监管成功，企业的收益为 $P(bR_2-iC-nS-C_2)$，政府的收益为 $P[t(bR_2-C_2)+nS-W-C_3]$；若政府监管不成功，企业的收益为 $(1-P)(bR_2-iC+S-C_2)$，政府的收益为 $(1-P)[t(bR_2-C_2)-S-W-C_3]$。所以当政府进行补助，企业不进行研发时，企业的收益为 $bR_2-iC+S-C_2-P(S+nS)$，政府的收益为 $t(bR_2-C_2)-S-W-C_3+P(S+nS)$。同理，可以求出政府和企业在其他策略组合情况下的收益值，如表4-1所示。

表4-1 政府和企业博弈得益矩阵

		政府	
		补助（y）	不补助（1-y）
企业	研发（x）	$a(S+R_1)-C_1$，$t(a(S+R_1)-C_1)-S-C_3$	aR_1-C_1，$t(aR_1-C_1)$
	不研发（1-x）	$bR_2-iC+S-C_2-P(S+nS)$，$t(bR_2-C_2)-S-W-C_3+P(S+nS)$	bR_2-C_2，$t(bR_2-C_2)$

假设企业的行为策略选择为"研发"的个体适应度为 U_{11}，选择为"不研发"的个体适应度为 U_{12}，那么企业以 x 的概率选择研发策略和以 $1-x$ 的概率选择不研发策略的平均适应度为 $\bar{U}_1$，即 $xU_{11}+(1-x)U_{12}$。政府的行为策略选择为"补助"的个体适应度为 U_{21}，选择为"不补助"的个体适应度为 U_{22}，那么政府以 y 的概率选择补助策略和以 $1-y$ 的概率选择不补助策略的平均适应度为 $\bar{U}_2$，即 $yU_{21}+(1-y)U_{22}$。可得出：

$$U_{11}=y(aS+aR_1-C_1)+(1-y)(aR_1-C_1) \tag{4-1}$$

$$U_{12}=y[bR_2-iC+S-C_2-P(S+nS)]+(1-y)(bR_2-C_2) \tag{4-2}$$

$$\bar{U}_1=xU_{11}+(1-x)U_{12} \tag{4-3}$$

$$U_{21}=x[t(aS+aR_1-C_1)-S-C_3]+(1-x)[t(bR_2-C_2)$$
$$-S-W-C_3+P(S+nS)] \tag{4-4}$$

$$U_{22}=xt(aR_1-C_1)+(1-x)t(bR_2-C_2) \tag{4-5}$$

$$\bar{U}_2=yU_{21}+(1-y)U_{22} \tag{4-6}$$

根据以上分析，可计算出政府和企业的复制动态方程分别为：

$$\frac{dx}{dt}=x(1-x)[y(aS-S+iC+PS+PnS)-(bR_2-aR_1+C_1-C_2)] \tag{4-7}$$

$$\frac{dy}{dt} = y(1-y)[x(taS+W-PS-PnS)-(S+W+C_3-PS-PnS)] \quad (4-8)$$

令政府和企业的复制动态方程为零，即：

$$\frac{dx}{dt}=0, \frac{dy}{dt}=0$$

求得企业和政府博弈的平衡点为：（0，0）、（0，1）、（1，0）、（1，1）、

（xC，yC），其中 $x_C = \dfrac{S+W+C_3-PS-PnS}{taS+W-PS-PnS}$，$y_C = \dfrac{bR_2-aR_1+C_1-C_2}{aS-S+iC+PS+PnS}$，且 0 < xC，

yC < 1。

4.3　演化稳定性分析

4.3.1　政企演化博弈分析

令 $F(x) = \dfrac{dx}{dt}$，对 $F(x)$ 求导，根据演化博弈稳定策略的性质，当 $F'(x) < 0$

时，x 为演化稳定策略。

$$F'(x) = (1-2x)[y(aS-S+iC+PS+PnS)-(bR_2-aR_1+C_1-C_2)]$$

$$(4-9)$$

（1）当 $y = \dfrac{bR_2-aR_1+C_1-C_2}{aS-S+iC+PS+PnS}$ 时，F（x）=0 始终成立，所有 x ∈ [0，1]

都能达到稳定状态，相位图如图 4 - 1 所示。

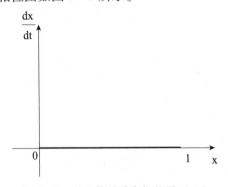

图 4 - 1　企业复制动态相位图（Ⅰ）

（2）当 $0 < y < \dfrac{bR_2 - aR_1 + C_1 - C_2}{aS - S + iC + PS + PnS}$ 时，由于 $F'(0) < 0$，所以 $x = 0$ 为演化稳定策略，也就是说，当政府选择补助策略的概率小于 $\dfrac{bR_2 - aR_1 + C_1 - C_2}{aS - S + iC + PS + PnS}$ 时，企业将选择"不研发"策略，相位图如图 4 - 2 所示。

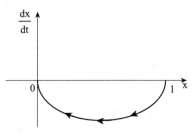

图 4 - 2　企业复制动态相位图（Ⅱ）

（3）当 $\dfrac{bR_2 - aR_1 + C_1 - C_2}{aS - S + iC + PS + PnS} < y < 1$ 时，由于 $F'(1) < 0$，所以 $x = 1$ 为演化稳定策略，也就是说，当政府选择补助策略的概率大于 $\dfrac{bR_2 - aR_1 + C_1 - C_2}{aS - S + iC + PS + PnS}$ 时，企业将选择"研发"策略，相位图如图 4 - 3 所示。

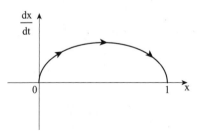

图 4 - 3　企业复制动态相位图（Ⅲ）

令 $F(y) = \dfrac{dy}{dt}$，对 $F(y)$ 求导，根据演化博弈稳定策略的性质，当 $F'(y) < 0$ 时，y 为演化稳定策略。

$$F'(y) = (1 - 2y)\left[x(taS + W - PS - PnS) - (S + W + C_3 - PS - PnS)\right]$$

$$(4 - 10)$$

（1）若 $x = \dfrac{S + W + C_3 - PS - PnS}{taS + W - PS - PnS}$ 时，$F(y) = 0$ 始终成立，所有 $y \in [0, 1]$ 都能达到稳定状态，相位图如图 4 - 4 所示。

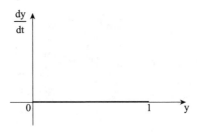

图 4-4 政府复制动态相位图（Ⅰ）

（2）若 $0 < x < \dfrac{S + W + C_3 - PS - PnS}{taS + W - PS - PnS}$ 时，由于 $F'(0) < 0$，所以 $y = 0$ 为演化稳

定策略，也就是说，当企业选择"研发"策略的概率小于 $\dfrac{S + W + C_3 - PS - PnS}{taS + W - PS - PnS}$

时，政府将选择"不补助"策略，相位图如图 4-5 所示。

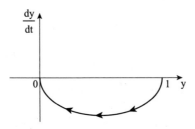

图 4-5 政府复制动态相位图（Ⅱ）

（3）若 $\dfrac{S + W + C_3 - PS - PnS}{taS + W - PS - PnS} < x < 1$ 时，则 $F'(1) < 0$，$y = 1$ 为演化稳定策

略，也就是说，当企业选择"研发"策略的概率大于 $\dfrac{S + W + C_3 - PS - PnS}{taS + W - PS - PnS}$ 时，

政府将选择"补助"策略，相位图如图 4-6 所示。

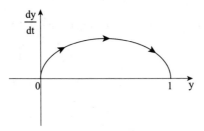

图 4-6 政府复制动态相位图（Ⅲ）

4.3.2　政府和企业系统稳定性分析

弗里德曼（Friedman，1991）认为，微分方程系统描述的群体动态均衡点的稳定性可以通过由该系统雅可比（Jacobi）矩阵的局部稳定分析得到（Friedman，1991）。对企业与政府的复制动态方程求 Jacobi 矩阵 J。

$$J = \begin{bmatrix} \dfrac{\partial F(X)}{\partial x} & \dfrac{\partial F(X)}{\partial y} \\ \dfrac{\partial F(Y)}{\partial x} & \dfrac{\partial F(Y)}{\partial y} \end{bmatrix}$$

其中：

$$\frac{\partial F(X)}{\partial x} = (1 - 2x)[y(aS - S + iC + PS + PnS) - (bR_2 - aR_1 + C_1 - C_2)] \quad (4-11)$$

$$\frac{\partial F(Y)}{\partial y} = (1 - 2y)[x(taS + W - PS - PnS) - (S + W + C_3 - PS - PnS)] \quad (4-12)$$

$$\frac{\partial F(X)}{\partial y} = x(1 - x)(aS - S + iC + PS + PnS) \quad (4-13)$$

$$\frac{\partial F(Y)}{\partial x} = y(1 - y)(taS + W - PS - PnS) \quad (4-14)$$

根据 Jacobi 矩阵分别计算行列式 detJ 和迹 trJ，结果如下：

$$detJ = (1 - 2x)[y(aS - S + iC + PS + PnS) - (bR_2 - aR_1 + C_1 - C_2)] \times (1 - 2y)$$
$$[x(taS + W - PS - PnS) - (S + W + C_3 - PS - PnS)] - x(1 - x)(aS - S +$$
$$iC + PS + PnS) \times y(1 - y)(taS + W - PS - PnS) \quad (4-15)$$

$$trJ = (1 - 2x)[y(aS - S + iC + PS + PnS) - (bR_2 - aR_1 + C_1 - C_2)] + (1 - 2y)$$
$$[x(taS + W - PS - PnS) - (S + W + C_3 - PS - nPS)] \quad (4-16)$$

当 $taS > S + C_3$，$ta > 1$，$W > PS + nPS$ 时，将 5 个均衡点分别代入公式（4-15）、公式（4-16）中，可以得到演化稳定策略，见表 4-2。

表 4-2　　　　　　　　　　　　均衡点稳定性分析

均衡点	detJ 符号	trJ 符号	结果
(0, 0)	+	−	ESS
(0, 1)	+	+	不稳定
(1, 0)	+	+	不稳定
(1, 1)	+	−	ESS
(x_C, y_C)	−	0	鞍点

由表4-2及系统稳定条件得出如下结论：（x，y）=（0，0）、（1，1）是两个进化稳定策略，（1，0）、（0，1）为不稳定的均衡点，（x_c，y_c）为鞍点。两个进化稳定策略为（研发，补助）、（不研发，不补助）。也就是说，博弈双方的策略选择是，政府选择不补助策略，企业采取不研发策略；政府选择补助策略，企业必然采取研发策略。通过以上分析，可以得到政府补助企业研发过程中政企双方的综合演化路径，如图4-7所示。

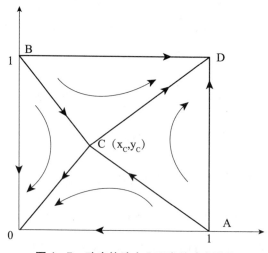

图4-7　政府补助企业研发的动态演化

在图4-7中，点O（0，0）和点D（1，1）是政企演化系统的演化稳定点，点C（x_c，y_c）是鞍点。鞍点C的横纵坐标值是系统演化路径改变的阈值，点A、C、B构成的折线是政企博弈系统演化的分界线（闫妍等，2018）。当政企行为的初始状态落在折线的右上方，也就是位于ACBD区域，演化系统将收敛于点D（1，1），即企业研发、政府补助；如果初始状态位于折线左下方的ACBO区域，系统将收敛于点O（0，0），也就是说企业选择不研发、政府选择不补助。

4.4　演化稳定状态的影响因素分析

基于以上分析，可以看出，若要激励企业进行研发，就应使区域AOBC的面积减小，使收敛于策略（研发，补助）概率增加而收敛于策略（不研发，不补助）概率减小。根据图 4 - 7 得 $S_{AOBC} = \dfrac{1}{2}$（$x_C + y_C$），因此需要根据四边形 AOBC 面积的大小来讨论博弈模型中不同变量对企业研发的影响。

命题 1　随着政府补助规模 S 的加大，博弈双方采用（企业研发，政府补助）的概率加大，企业更愿意开展研发活动。

证明：$\dfrac{\partial S_{AOBC}}{\partial S} = \dfrac{1}{2}$（$\dfrac{\partial x_C}{\partial S} + \dfrac{\partial y_C}{\partial S}$），其中，$\dfrac{\partial y_C}{\partial S} = \dfrac{-(a - 1 + P + nP)(bR_2 - aR_1 + C_1 - C_2)}{(aS - S + iC + PS + nPS)^2}$

< 0，$\dfrac{\partial x_C}{\partial S} = \dfrac{(1 - ta)(W - PS - nPS) - taC_3 - P(1 + n)(taS - S - C_3)}{(taS + W - PS - nPS)^2} < 0$，所以

$\dfrac{\partial S_{AOBC}}{\partial S} < 0$。即四边形面积 S_{AOBC} 是政府补助规模 S 的单调递减函数，四边形 AOBC 的面积随着政府补助规模 S 的增大而减小。当四边形 AOBC 面积减小时，政企博弈向稳定点 D（1，1）演化的概率变大，即稳定于（企业研发，政府补助）状态的概率变大，企业进行研发投入，开展研发活动的概率将增大。

命题 2　随着政府补助连续性 i 的增加，博弈双方采用（企业研发，政府补助）的概率加大，企业更愿意开展研发活动。

证明：$\dfrac{\partial S_{AOBC}}{\partial i} = \dfrac{1}{2}\left(\dfrac{\partial x_C}{\partial i} + \dfrac{\partial y_C}{\partial i}\right)$。其中，$x_C$ 对 i 的导数 $\dfrac{\partial x_C}{\partial i} = 0$，$y_C$ 对 i 的导数

$\dfrac{\partial y_C}{\partial i} = \dfrac{-C(bR_2 - aR_1 + C_1 - C_2)}{(aS - S + iC + PS + nPS)^2} < 0$，所以 $\dfrac{\partial S_{AOBC}}{\partial i} < 0$。因此，四边形面积 S_{AOBC} 是政府补助连续性 i 的单调递减函数，随着政府补助连续性 i 的增大，四边形 AOBC 的面积将减小。系统向稳定点 D（1，1）演化的概率变大，企业将选择加大研发投入资金，积极开展研发活动。

命题 3　随着企业研发活动投入产出转化率 a 的增大，博弈双方采用（企业研发，政府补助）的概率加大，企业更愿意开展研发活动。

证明：$\dfrac{\partial S_{AOBC}}{\partial a} = \dfrac{1}{2}\left(\dfrac{\partial x_C}{\partial a} + \dfrac{\partial y_C}{\partial a}\right)$，其中，$\dfrac{\partial x_C}{\partial a} = \dfrac{-tS(S + W + C_3 - PS - nPS)}{(taS + W - PS - nPS)^2} < 0$，

$\dfrac{\partial y_C}{\partial a} = \dfrac{-S(bR_2 - aR_1 + C_1 - C_2)}{(aS - S + iC + PS + nPS)^2} < 0$，所以 $\dfrac{\partial S_{AOBC}}{\partial a} < 0$。因此，四边形面积 S_{AOBC} 是投入产出转化率 a 的单调递减函数。当企业研发活动的投入产出转化率 a 增大时，四边形 ACBO 的面积会减小，系统向稳定点 D（1，1）演化的概率变大，企业将选择加大研发投入资金，积极开展研发活动。

命题 4 随着政府对企业获得研发补助却又不开展研发的惩罚力度 n 的加大，博弈双方采用（企业研发，政府补助）的概率加大，企业更愿意开展研发活动。

证明： $\frac{\partial S_{AOBC}}{\partial n} = \frac{1}{2}\left(\frac{\partial x_C}{\partial n} + \frac{\partial y_C}{\partial n}\right)$，其中，$\frac{\partial x_C}{\partial n} = \frac{-PS\ (taS - S - C_3)}{(taS + W - PS - nPS)^2} < 0$，$\frac{\partial y_C}{\partial n}$

$= \frac{-PS\ (bR_2 - aR_1 + C_1 - C_2)}{(aS - S + iC + PS + nPS)^2} < 0$，所以 $\frac{\partial S_{AOBC}}{\partial n} < 0$。因此，四边形面积 S_{AOBC} 是惩罚系数 n 的单调递减函数。随着政府惩罚系数 n 的增大，四边形 ACBO 的面积将减小，系统向稳定点 D（1，1）演化的概率变大，企业将选择加大研发投入资金，积极开展研发活动。

命题 5 随着政府监管成功概率 P 的增加，博弈双方采用（企业研发，政府补助）的概率加大，企业更愿意开展研发活动。

证明： $\frac{\partial S_{AOBC}}{\partial P} = \frac{1}{2}\left(\frac{\partial x_C}{\partial P} + \frac{\partial y_C}{\partial P}\right)$，其中，$\frac{\partial x_C}{\partial P} = \frac{-(S + nS)\ (taS - S - C_3)}{(taS + W - PS - nPS)^2} < 0$，

$\frac{\partial y_C}{\partial P} = \frac{-(S + nS)\ (bR_2 - aR_1 + C_1 - C_2)}{(aS - S + iC + PS + nPS)^2} < 0$，所以 $\frac{\partial S_{AOBC}}{\partial P} < 0$。因此，四边形面积 S_{AOBC} 是监管成功的概率 P 的单调递减函数。当政府监管成功的概率 P 增大时，四边形 ACBO 的面积将减小，系统向稳定点 D（1，1）演化的概率变大，企业将选择加大研发投入资金，积极开展研发活动。

4.5 数值分析

为了更形象地说明各参数对政企演化稳定状态的影响，本书用 Matlab R 2016b 软件对政企系统稳定状态的演化过程进行仿真。先对模型中各参数进行赋值，假设 $P = 0.5$，$R_1 = 10$，$R_2 = 5$，$C_1 = 40$，$C_2 = 1$，$C = 0.5$，$t = 0.5$，$S = 2$，$i = 1$，$a = 5$，$b = 2.5$，$W = 10$，$C_3 = 0.5$，$n = 2$。考虑到我国目前处于政府补助意愿高，制造业研发意愿低的局面，设企业进行研发的初始意愿 $x = 0.2$，政府进行补助的初始意愿 $y = 0.8$。具体分析结果如下。

（1）政府补助规模 S 对演化结果的影响。保持其他参数不变，模拟政府补助规模 S 分别为 2、4、6、8、10 时对政企行为的影响，具体结果如图 4 - 8

所示。

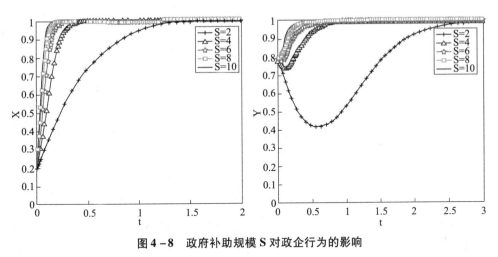

图 4 - 8　政府补助规模 S 对政企行为的影响

从图 4 - 8 可以看出，系统的演化过程收敛于点（1，1），政府补助规模对企业研发投入行为有明显的激励作用。补助规模增加的同时提高了制造企业行为策略向研发方向演化、政府行为策略向积极补助方向演化的速度。由此可知，随着政府补助规模的增大，企业进行研发投入的收益和政府因企业研发而获得的收益都逐渐增大，政府和企业处于"双赢"的局面，企业的研发积极性和政府对企业进行补助的积极性同时得到提升。

（2）政府补助连续性 i 对演化结果的影响。保持其他参数不变，模拟政府补助规模 i 分别为 1、2、3、4、5、6 时对企业和政府行为的影响，具体结果如图 4 - 9 所示。

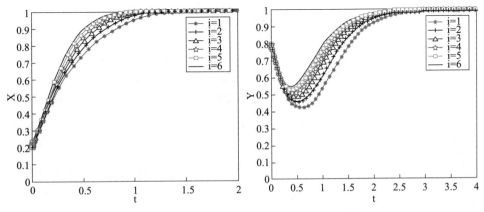

图 4 - 9　政府补助连续性 i 对政企行为的影响

从图4-9可以看出，政企博弈向点（1，1）演化。政府对制造企业补助连续性的增加同时提高了制造企业行为策略向研发方向演化、政府行为策略向积极补助方向演化的速度，政府补助连续性对企业研发具有明显激励作用。对于企业而言，连续的政府补助不仅为企业提供持续充足的研发经费，还向社会传递了该企业"利好"的信息，有助于提高企业的社会认可度和缓解企业的融资约束，有利于企业研发活动的展开。对政府而言，在选择补助对象时，考虑到对企业的了解程度以及企业获得补助后是否会挪用补助等因素，使得政府在选择补助对象时，更倾向于已经获得过补助且增加了研发投入的企业（曹阳，易其其，2018）。即政府补助的连续性确保并提高了企业在来年获得政府研发补助的可能性。

（3）投入产出转化率a对演化结果的影响。保持其他参数不变，模拟投入产出转化率a分别为5、5.5、6、6.5、7时对企业和政府行为的影响，具体结果如图4-10所示。

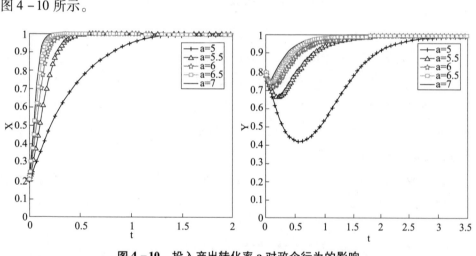

图4-10 投入产出转化率a对政企行为的影响

投入产出转化率a的增加，不仅增加了企业的研发收益，也使政府收益得到增加。从图4-10可以看出，政企博弈向点（1，1）演化，且投入产出转化率a的增加同时提高了制造企业行为策略向研发方向演化、政府行为策略向积极补助方向演化的速度。由于研发活动的技术溢出和我国目前关于专利保护的法律法规还不完善，大量企业通过抄袭、盗版等"搭便车"行为获得新技术，导致进行研发创新的企业的预期投入产出转化率很低，企业进行研发创新的积极性不高。所以，完善专利保护的法律法规，从根本上提高企业研发的投入产出转化率，是激励企业进行研发的有效途径。

（4）惩罚系数 n 对演化结果的影响，保持其他参数不变，模拟惩罚系数 n 分别为 2、2.5、3、3.5、4 时对企业和政府行为的影响，具体结果如图 4-11 所示。

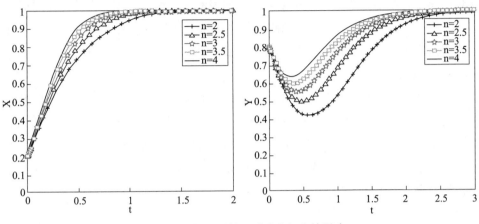

图 4-11　惩罚系数 n 对政企行为的影响

从图 4-11 可以看出，政企博弈向点（1，1）演化。惩罚系数 n 增加同时提高了制造企业行为策略向研发方向演化、政府行为策略向补助方向演化的速度，惩罚系数 n 的增大有效提高了企业进行研发投入的积极性。也就是说在政府对企业补助资金使用的监管过程中，如果将对企业发生挪用补助行为的惩罚加大，能够对企业的行为形成有效约束，使政府补助资金得到有效配置，进而提高政府补助的效益。

（5）政府监管成功的概率 P 对演化结果的影响，模拟惩罚系数 P 分别为 0.5、0.6、0.7、0.8、0.9 时对企业和政府行为的影响，具体结果如图 4-12 所示。

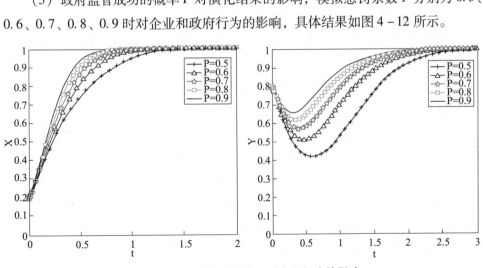

图 4-12　监管成功概率 P 对企业行为的影响

从图 4-12 可以看出，政企博弈向点（1，1）演化。政府监管成功概率 P 增加同时提高了制造企业行为策略向研发方向演化、政府行为策略向积极补助方向演化的速度，政府监管成功概率 P 对企业研发有明显激励作用。由于政企之间存在"信息不对称"，政府对企业的研发信息无法准确了解。在获得补助后，企业有可能出现道德风险问题。因此，为了能准确了解企业的研发信息，从而抑制企业道德风险的出现，政府对企业进行监管。但由于企业付出了一定的"欺骗"成本对企业不研发行为进行"粉饰"，使得政府的监管不一定成功。当政府监管不成功时，就无法抑制企业的逆向选择行为，补助就无法激励企业研发。因此，政府应该建立有效的企业研发信息收集机制，缓解政企间的信息不对称。通过对企业研发信息准确全面的了解，提高政府监管成功的概率，有利于抑制企业的逆向选择，激励企业进行研发。

4.6　研究结论及政策建议

本章在考虑政府补助规模、补助连续性、政府监管以及政府对不诚信的惩罚力度等因素的基础上，构建了政府和企业之间的演化博弈模型，探究了政企间的行为相互影响的动态演变过程，并用 Matlab 进行模拟仿真。通过对演化博弈结果的分析，发现增大政府补助规模、政府补助连续性以及研发投入产出转化率可以增加企业开展研发的意愿，同时，在政府补助政策的实施过程中，政府对企业挪用补助的行为处罚的力度和政府监管成功的概率对政府补助的效果激励企业研发也至关重要。

基于以上结论，为能更好地促进企业开展研发活动并推动科技创新发展，提出如下政策建议。

（1）加大对研发创新项目的补助力度，确保政策的连续性。从博弈分析可知，政府补助规模和连续性可以提高企业开展研发活动的积极性。目前，虽然我国大多数省市意识到政府补助的激励效应，补助的力度也在逐年增大，但与美国等发达国家还存在一定差距，补助不足的问题仍未解决。另外，政府还应重视研发补助连续性对持续激励企业研发具有重要意义，还可以对连续获得补助的企业给予一定奖励或者放宽对连续获得补助的企业再次申报补助的条件，从而提升连续补助的激励效益。

（2）建立有效监管机制，加大对挪用补助的惩罚力度。由于政企间存在信息不对称，政府对企业的补助资金使用情况并不能完全掌控，当企业获得补助后可能会出现道德风险。因此，应当建立相应的政府补助监管机制，对获得补助的企业加大督查以及时把握补助资金的使用情况并发现存在的问题。加大对挪用补助的惩罚力度，可有效地抑制企业的挪用补助行为，为政府的补助政策提供相应保障。

（3）为保障政府补助使用效益和提高政府监管的效率，政府应加强对企业研发情况及时追踪。例如政府可以通过区块链技术建立企业信息动态收集平台，区块链上的信息都可追溯、不可被篡改且不会丢失。政府根据此信息对补助的发放和使用进行动态分析和监管。对企业信息的高效收集可以减少政府部门的监管成本和时间，并提高监管效率以及补助的效益。

（4）建立完善的知识产权保护制度。企业研发创新积极性不高主要是因为研发活动的外部性。目前我国的知识产权保护制度还不完善，大量企业通过"搭便车"行为占有了创新企业的部分收益。因此，只有建立完善的知识产权保护制度，切实维护企业通过研发活动产生的合法利益，才能建立良好的创新竞争氛围，提高企业研发创新的积极性。

第5章 政府补助与企业研发投入
关系的实证研究设计

企业研发活动的外部性和创新产出的不确定性导致企业创新过程出现市场失灵。由于存在市场失灵，仅靠市场机制无法激励企业持续开展研发活动，因此，政府必须发挥调控职能来矫正市场失灵。政府对企业实施研发补助就是其中一种调控方式。那么，处于不同发展阶段的企业是否对补助政策有不同的反应？政府对企业研发活动如何补助才能达到预期绩效？这些问题的解答对更好地驱动企业实施创新具有重要意义。分析政府补助规模和政府补助的连续性对不同生命周期制造业企业研发投入的影响，不仅让结果更具现实意义，而且为政府部门找准对制造业的补助时机、提升财政资金的使用效率以及高效地促进制造业加大研发投入提供新的思路。

第4章基于演化博弈方法对政府补助规模和连续性如何影响企业研发进行理论分析，分析表明，政府补助规模和连续性均会引导企业积极开展研发活动。事实上，不同发展阶段的企业其资源基础、研发水平、融资能力以及发展战略等方面均表现出明显的差异，这种差异可能导致政府补助对促进企业研发投入的效果存在差异。因此，接下来两章引入企业生命周期的变量，探讨政府补助对企业研发投入的影响是否会因为企业所处的发展阶段不同而显现差异。

5.1 理论分析与研究假设

5.1.1 政府补助与企业研发投入

外部性也称外在效应或溢出效应，是指一个人或一个企业的活动对其他人或其他企业的外部影响。在经济史上，外部性最早由福利经济学家庇古发现并提出，萨缪尔森和诺德豪斯给外部性下的定义是：当生产或消费对其他人产生附带的成本或者收益时，外部经济效果便产生了；也就是说，成本或收益被加于其他人身上，然而施加这种影响的人却没有为此而付出代价或为此而获得报酬。更为确切地说，外部经济效果是一个经济主体的行为对另一个经济主体的福利所产生的效果，而这种效果并没有从货币或市场交易中反映出来（吕向龙，2004）。

市场失灵是指市场在发挥资源配置作用时出现低效率或无效率的情况。萨缪尔森分析了市场失灵的内涵，即垄断或不完全竞争在完全竞争的条件下，市场的参与者无论是买方还是卖方，都无法影响商品价格，而当买方和卖方中出现了能够控制商品价格的势力的时候，便出现了不完全竞争或垄断，其标志是过高的价格和过低的产出，价格高于效率水平，消费者购买量低于效率水平；市场的外溢效果或外部性可能会对市场外的社会其他成员产生利益上的有损或有益的影响，对于这种影响，市场中的参与者是不必进行经济支付的，比如，某企业研发的新技术迅速被其他企业吸收利用（韩寅，2015）。

由于 R&D 活动的公共物品属性、外部性与不确定性，导致出现"市场失灵"，企业研发投入积极性不高。基于此，政府通过对企业研发进行补助来解决研发投入过程中的"市场失灵"。政府补助不仅弥补了由正外部性导致的研发创新收益损失，而且当企业获得政府补助时，会向外界释放企业技术优势和企业具有良好政治关系的信号，这种信号极大程度上缓解了企业的融资约束，促使其他金融机构和社会资金不断投入，最终形成稳定的研发投入资金支持链（郭玥，2018）。近年来，我国政府开始重视企业的研发活动，并制定相应的财税政策来鼓励企业进行研发，其中直接补贴是最常用的政策手段。政府直接对企业进行研发资金补助，可以保证企业研发活动顺利启动与进行，降低企业的研发成本。同时，政府对研发项目进行补助时会给企业提供该项目相关的指导和帮助，从而降低企业研发的风险和不确定性。政府补助会增加企业自主研发的积极性。因此，政府补助可以促进企业加大研发投入。

政府补助往往是非普惠性的，政府在发放补助时会考虑其对企业所拥有的研发资源、研发能力等信息的掌握以及企业获得补助是否会加大研发投入等因素。当企业成功获得补助后，再次申请政府补助时，由于企业具有相关经验使得申报过程简化，申请成本降低，因此企业更愿意连续进行补助的申请。同时，考虑到对企业的了解程度以及企业获得补助后研发实力更为雄厚等因素，政府在选择补助对象时，会对上一年获得过补助并加大研发投入的企业有所偏向（Xulia González，Consuelo Pazó，2008）。当企业连续获得政府补助的可能性增加，此时企业更愿意加大研发投入。由此可见，政府补助的连续性能够确保且提高企业在来年获得政府研发补助的可能性。同时，给予企业连续的政府补助，有助于建立政企长期信任与合作关系，提升企业家对经济发展的预期，激发起研发创新的积极性（彭华涛等，2017）。因此，基于以上分析，提出如下假设。

假设1：政府补助规模和政府补助连续性均与企业研发投入呈现显著正相关。

5.1.2 政府补助与成长期企业研发投入

成长期企业的产品被市场广泛接受，有了明确的客户群，经营管理较为稳定，具备一定抗风险能力，已经步入正轨。但这个阶段的企业面临着激烈的市场竞争，为了争夺市场份额，避免被市场淘汰，企业需不断追加研发投入，因此，处于成长期的企业创新积极性比较高（徐光华、吴佳慧，2018）。成长期企业正处于快速扩张时期，其购买生产设备、采购原料、产品营销等项目都需要大量资金，因此，企业内部的自由资金并不充裕（梁莱歆等，2010）。由于企业成立时间较短，而且外部投资者与企业间存在信息不对称，外部投资者对企业研发相关信息不够了解，使外部投资者不愿向其投入资金（黄宏斌等，2016）。因此，企业内部缺乏研发活动所需资金。此时获得政府补助，不仅可以为企业的研发活动提供资金，而且可以向外界传达利好信息，提高成长期企业在资本市场上的信誉，缓解企业与外部投资者之间信息不对称问题，引导外部融资资金的进入，缓解企业研发的资金压力。企业研发活动具有投入大、周期长等特点，成长期企业因资金匮乏，通常存在研发活动难以持续进行的问题，而连续的政府补助为企业提供了长期稳定的资金支持，恰好解决了这一难题。所以，企业为确保拥有持续充足的研发经费，在获得政府补助的同时会再追加其自身的研发投入，进而增加其再次获得政府研发补助的可能性。因此，基于以上分析，本书做出如下假设。

假设2：对于成长期企业的研发投入而言，政府补助规模和政府补助连续性均与之显著正相关。

5.1.3　政府补助与成熟期企业研发投入

成熟期企业市场占有率高，适应了市场波动，具备很强的抗风险能力。但由于企业内部保守思想滋生，同时企业产品和技术的研发陷入瓶颈，生产经营惰性使得企业的研发能力和研发意愿都有所下降（李浩田等，2009；余谦等，2018）。企业经营活动所获得的资金基本能满足研发支出，且在资本市场上的信誉良好，融资能力较强（汤颖梅，王明玉，2016）。此时企业已不存在因资金缺乏导致研发活动难以开展的问题，而且成熟期企业的核心资源和技术的"相对粘性"和"核心刚性"，使其研发行为具有路径依赖（Leonard - Barton，1992）。所以，政府补助的规模很难对成熟期企业研发活动产生影响，但随着补助连续性增加，企业为不中断与政府已建立的良好政治关系，会选择满足政府用补助引导企业加大研发投入的意愿。因此，基于以上分析，本书做出如下假设。

假设 3：对于成熟期企业的研发投入而言，政府补助规模与之关系不显著，政府补助连续性与之显著正相关。

5.1.4　政府补助与衰退期企业研发投入

衰退期企业销售额下滑，利润下降甚至亏损。企业内部自由现金流也不充足，企业在资本市场上的信誉也比较差，外部融资渠道受阻，能用于研发投入的资金更为紧张（章新蓉等，2019）。企业抗风险能力非常弱，在市场上无竞争优势，企业本身没有加大研发投入的条件（侯巧铭等，2017）。当政府给予补助时，企业为摆脱困境，进入下一轮的成长期，企业将考虑并重视研发投入所能带来的长远利益，企业会把政府补助用到企业研发上，增加研发投入（熊和平等，2016）。但当政府补助达到一定规模后，企业内部自由现金缺乏的困境得到缓解，由于衰退期企业存在短期行为，且管理者追求短期现金收益的增加，企业会倾向于挪用补助资金，将补助资金用于周期较短、获利快的投资或市场经营活动。对于衰退期企业而言，政府补助是缓解资金不足的唯一途径，为能持续获得政府补助，衰退期企业会一定程度地增加研发投入。通过以上分析可知，补助的连续性会一定程度上促进衰退期企业的研发投入，当政府补助规模较小时，政府补助产生激励效应，当政府补助达到一定规模后，政府补助产生挤出效应。因此，基于以上分析，本书做出如下假设。

假设4：对于衰退期企业的研发投入而言，政府补助规模与之呈倒"U"型关系，政府补助连续性与之显著正相关。

本书实证研究一方面是为了对演化博弈结果进行验证，另一方面是为了探究对于不同生命周期的企业，政府补助规模和连续性对研发投入影响的差异性。基于此研究目的，本书做出相应研究假设，如表5-1所示。

表5-1 研究假设汇总

假设序号	研究假设内容
假设1	政府补助规模和政府补助的连续性与企业研发投入呈现显著正相关
假设2	对于成长期企业的研发投入而言，政府补助规模和政府补助连续性均与之显著正相关
假设3	对于成熟期企业的研发投入而言，政府补助规模与之关系不显著，政府补助连续性与之显著正相关
假设4	对于衰退期企业的研发投入而言，政府补助规模与之呈倒"U"型关系，政府补助连续性与之显著正相关

5.2　样本选择和数据来源

本书选取了在深沪上市的 A 股制造业企业 2014～2018 年的数据作为样本。其中主要变量数据企业研发投入是从万德数据库（Wind）搜集而来，政府补助是从企业年报中对属于研发补助的数据进行手动收集和整理得到。控制变量是从国泰安数据库（CSMAR）和锐思数据库（RESSET）中获取。由于研究的初始样本中存在不符合要求的企业，所以需要进行二次筛选以保证样本数据的有效性。具体操作如下：（1）剔除 2014 年及以后上市的企业；（2）剔除变量观测值缺失的企业；（3）剔除资产负债率小于 0、大于 1 等变量异常的企业；（4）剔除所有被 ST、＊ST 和 PT 处理的企业；（5）剔除五年中数据不连续的企业。最终选取 1265 家制造业 A 股上市公司，共 6325 个观测值进行分析。为消除极端值的影响，对连续变量进行 1%～99% 分位缩尾（Winsorize）处理。另外，本书利用 stata15.0 完成相关数据分析工作。

5.3　变量设计

本书选用研发投入（R&D）为因变量，政府补助的规模和连续性（Subsize、Subcon）为自变量，并选取资产负债率（Lev）、公司规模（Size）、股权集中度（Cr）、净资产收益率（Roe）作为控制变量，具体测量方式见表 5 - 2。

表 5 - 2　　　　　　　　　　变量定义及计算方法

变量名称	代码	操作化	来源
企业研发投入	RD	上市公司研发投入/主营业务收入	万德数据库
政府补助规模	Subsize	政府补助金额/期末总资产	上市公司年报
政府补助连续性	Subcon	当年未收到补助，记为 1；最初收到补助的那一年，记为 2；来年再收到就累积加 1；如未收到回归至 1，如再次收到政府研发补助则重新记为 2，依此类推	万德数据库
企业规模	Size	期末总资产（取对数）	国泰安数据库
净资产收益率	Roe	净利润/净资产	国泰安数据库
股权集中度	Cr	第一大股东持股比例	锐思安数据库
资产负债率	Lev	总负债/总资产	国泰安数据库

5.3.1　因变量

研发投入（R&D）指企业在进行新产品和新技术等方面的研发或改进时所投入的资源。本章实证分析涉及的研发投入是指企业用于开展研发活动的经费投入。国内外学者对企业研发经费投入的衡量有绝对额和相对额两种方法。绝对额是指直接使用研发经费或使用研发经费的自然对数，如任海云（2016）用 R&D 费用的自然对数来衡量 R&D 投入；相对额主要是指 R&D 投入强度，用研发经费投入与企业的某一财务指标的比值表示。如王燕妮（2011）使用 R&D 费用总额除以营业收入来衡量研发投入。本书采用研发投入相对额形式，用企业当年 R&D 费用与营业收入的比值作为模型的因变量。

5.3.2　自变量

（1）政府补助规模（Subsize/Subsize^2）：部分学者直接选取政府补助金额，作为政府补助的量化指标，如鲁晓东（2018）直接选取制造业企业的政府直接补助代表政府补助水平。还有一些学者采用政府补助的资金的相对值来量化。如曹阳（2018）采用政府补助与营业总收入比值来衡量政府补助，熊和平（2016）选用政府补助与企业期末资产的比值对政府补助进行量化。本书选择使用熊和平（2016）的方法来衡量政府补助规模，即政府补助金额占期末总资产的比重。政府补助的金额数据是根据上市公司年报政府补助明细中资金所涉及的项目、来源以及用途对政府补助是否属于研发资助进行判断，然后对政府研发补助的金额进行手工搜集和整理。其关键词有研究、开发、技术改造、创新、成果转化、技术应用、科技计划、专利资助、研制、新产品、企业技术中心补助，以及一些有关政府科技支持计划的关键词，如863、小巨人、火炬计划等。由于一些学者的研究发现政府补助与企业 R&D 投入之间存在倒"U"型的关系，因此本书加入政府补助规模的平方项（Subsize^2）来进行非线性关系的验证。

（2）政府补助的连续性（Subcon）：指企业从第一次获得政府研发补助之年开始，在来年继续获得政府研发补助的情况。本书研究采用温月明（2017）的方法将"政府研发补助的连续性"操作化为"企业是否连续收到政府研发补助"，具体而言，当年未收到补助，记为1；最初收到补助的那一年，记为2；来年再收到就累积加1；如未收到回归至1，如再次收到政府研发补助则重新记为2，依此类推（温明月，2017）。

5.3.3　控制变量

（1）企业规模（Size），用期末总资产的自然对数值表示。公司规模影响研发投入，崔也光（2015）认为公司规模小，求生欲望强，更具增加 R&D 投入的动机。而唐曼萍（2019）却认为企业规模越大，其研发投入强度会越大。

（2）资产负债率（Lev），用"总负债"与"总资产"之比表示。汪晓春（2002）认为，通常情况下，当企业的资产负债率较高时，企业为保证正常运营，会选择降低其研发活动的资金投入。

（3）净资产收益率（Roe），用"净利润"与"净资产"之比表示，反映了企业盈利能力。盈利能力强的企业，内部拥有充足的自由资金来满足企业开展研发活动的资金需求，因此，预期回归系数为正。

（4）股权集中度（Cr），用企业第一大股东持股比例表示。股权越集中，大股东对小股东利益的侵占动机越强，企业的决策效率越低，容易产生短期行为，越易阻碍企业 R&D 投入（温月明，2017；Edward，2003）。因此，预期回归系数为负。

5.4　模型设计

本书主要研究政府补助规模补助连续性对企业研发投入的影响。因此，本书在控制其他多个影响因素的基础上设计如下模型：

$$rd_{it} = \beta_0 + \beta_1 subsize_{it-1} + \beta_2 subsize_{it-1}^2 + \beta_3 size_{it} + \beta_4 lev_{it}$$
$$+ \beta_5 cr_{it} + \beta_6 roe_{it} + \varepsilon_{it} \tag{5-1}$$

$$rd_{it} = \beta_0 + \beta_1 subcon_{it} + \beta_2 size_{it} + \beta_3 lev_{it} + \beta_4 cr_{it} + \beta_5 roe_{it} + \varepsilon_{it} \tag{5-2}$$

$$rd_{it} = \beta_0 + \beta_1 subsize_{it-1} + \beta_2 subsize_{it-1}^2 + \beta_3 subcon_{it} + \beta_4 size_{it}$$
$$+ \beta_5 lev_{it} + \beta_6 cr_{it} + \beta_7 roe_{it} + \varepsilon_{it} \tag{5-3}$$

在公式（5-1）至公式（5-3）中，因变量 rd_{it} 表示企业 i 在 t 年的研发投入额。同时为解决自变量政府补助内生性问题，参考温明月（2017）的方法，本书将政府补助滞后一年，即 $subsize_{it-1}$ 表示企业 i 在 t-1 年得到的政府补助。式（5-1）考察了政府补助规模对研发投入的影响，式（5-2）考察了政府补助连续性对研发投入的影响，式（5-3）是在式（5-1）和式（5-2）的基础上，同时考察政府补助的规模和政府补助的连续性对企业研发投入的影响。

5.5　生命周期阶段的划分

目前学术界广泛使用的生命周期阶段划分方法主要有三种：单一指标法、综合指标法和现金流法。单一指标法只使用了一个企业特征指标，无法全面地反映企业的经营状况。综合指标法虽然使用了多个指标，能充分反映企业经营状况，但在使用过程中，存在人为打分行为，有一定的主观性。现金流法不仅能充分反映企业的经营状况，而且使用过程中不存在人为主观影响，更具有科学性。因此，本书选取现金流法对企业生命周期阶段进行划分，并结合迪金森（Dickinson et al.，2011）和黄宏斌（2016）的研究，将企业生命周期划分为成长期、成熟期和衰退期三个阶段，具体划分方法如表5－3所示。

表 5 - 3 　　　　　　　　　　　现金流组合法

	成长期	成熟期	衰退期				
净经营现金流符号	－	＋	＋	－	＋	－	－	＋
净投资现金流符号	－	－	－	－	＋	＋	＋	＋
净筹资现金流符号	＋	＋	－	－	＋	＋	－	？

本书按照表5－3的划分方法将企业进行了生命周期划分，划分结果如表5－4所示。总体上看，成长期企业最多，衰退期企业最少，这与中国上市公司整体发展阶段现状相同。从表5－4还可以看出，制造业上市企业中衰退期企业呈逐年增长趋势。衰退期企业缺乏内部自由资金，而且外部融资难度大，仅靠自己很难改变现状。此时，政府应该对衰退期企业采取针对性的补助，扶持衰退期企业开展研发创新活动，通过企业的研发创新让企业产生蜕变，迸发新的活力。

表 5 - 4 　　　　　　　　　　企业生命周期划分结果

	2014 年	2015 年	2016 年	2017 年	2018 年	总计	占比（%）
成长期	557	628	592	611	452	2840	44.90
成熟期	513	441	448	397	550	2349	37.14
衰退期	195	196	225	257	263	1136	17.96
总计	1265	1265	1265	1265	1265	6325	100.00

第6章 政府补助对企业研发投入影响
的实证检验与结果分析

6.1 描述性统计结果

6.1.1 全样本描述性统计

表6-1是对全样本的数据进行的描述性统计，其中包括了变量的均值、标准差、最小值和最大值。从表中可以看出，研发投入的最大值为0.154725，最小值为0，均值为0.020483，标准差为0.016527。说明目前我国制造业上市公司的研发投入水平不高，且企业间存在较大差异。出现这种原因可能是制造业内不同行业的企业对于研发创新的诉求存在差异。

表6-1 全样本描述性统计

变量	样本数	均值	标准差	最小值	最大值
rd	6325	0.020483	0.016527	0	0.154725
subsize	6325	0.004596	0.008029	0	0.289468
subcon	6325	3.615652	1.505033	1	6
size	6325	22.26294	1.162526	17.6413	27.3861
lev	6325	0.403256	0.187229	0.009063	0.988959
roe	6325	0.044109	0.401018	−19.67241	0.989969
cr	6325	0.325887	0.138833	0.030029	0.942963

政府补助的最小值为0，最大值为0.289468，均值为0.004596，说明不同企业所获得的补助存在差异，且差异较大。出现这种情况的原因可能是政府在进行

补助时存在行业或企业偏向。通过资产负债率的均值 0.403256 和净资产收益的均值 0.044109 可以看出，制造业企业的整体财务状况和业绩情况良好。综合各变量之间的描述性统计结果可以看出，不同的公司在研发投入及得到的政府补助上存在较大差异。

6.1.2　各生命周期样本描述性统计

表 6-2~表 6-4 为各个生命周期的描述性统计结果，从研发投入数据看，成长期研发投入均值 0.020558 和成熟期的研发投入均值 0.0215937 均高于全样本均值 0.020483，这说明成长期的企业为谋求企业的快速发展，对企业的研发活动比较重视。成熟期的企业研发投入最多，这是因为该时期的企业已经拥有较强的市场竞争力和盈利能力，企业拥有充裕的自由资金来开展研发活动。进入衰退期后，企业将面临产品销量下降，利润下滑，甚至亏损的市场困境。此时企业内部缺乏开展研发活动所需的资源，所以这个时期研发投入最低，且低于全样本均值 0.020483。

表 6-2　　　　　　　　　　　成长期样本描述性统计

变量	样本数	均值	标准差	最小值	最大值
rd	2840	0.020558	0.016066	0	0.123826
subsize	2840	0.004444	0.008142	0	0.289468
subcon	2840	3.596127	1.43667	1	6
size	2840	22.37958	1.105227	18.10929	26.65065
lev	2840	0.439113	0.173573	0.0276.5	0.973231
roe	2840	0.049586	0.139337	-2.963171	0.989969
cr	2840	0.3105146	0.130569	0.030029	0.899858

表 6-3　　　　　　　　　　　成熟期样本描述性统计

变量	样本数	均值	标准差	最小值	最大值
rd	2349	0.0215937	0.017283	0	0.154725
subsize	2349	0.004717	0.007315	0	0.1803557
subcon	2349	3.598553	1.559501	1	6
size	2349	22.26347	1.21861	17.75689	27.30741
lev	2349	0.374617	0.1903979	0.009063	0.988959

续表

变量	样本数	均值	标准差	最小值	最大值
roe	2349	0.05003	0.6089048	−19.67241	0.502042
cr	2349	0.347544	0.14627	0.03622	0.82505

表6-4　　　　　　　　　　　　　　衰退期样本描述性统计

变量	样本数	均值	标准差	最小值	最大值
rd	1136	0.017997	0.015567	0	0.138105
subsize	1136	0.004733	0.009091	0	0.141931
subcon	1136	3.699824	1.555051	1	6
size	1136	21.97022	1.132611	17.6413	27.3861
lev	1136	0.372835	0.197801	0.01399	0.955694
roe	1136	0.01817	0.282199	−6.579881	0.665569
cr	1136	0.319533	0.137438	0.033904	0.942963

从企业获得的政府补助来看，衰退期企业获得的政府补助均值在三个时期企业中最高，为0.004733。成长期的企业接收到政府补助均值最低，为0.004444，且低于全样本平均值0.004596。这是因为成长期企业成立时间短、自身研发资源不充足以及政府对其研发能力还不了解，因此，政府对该类型企业补助较少。而衰退期企业成立时间较长且与当地政府有良好的政治关系，所以衰退期企业从政府获得的补助金额较高。

从企业的规模看，衰退期企业的资产规模最小。企业进入衰退期后，产品逐渐被市场上其他产品替代，其市场份额不断缩小。企业的盈利能力不断衰退，甚至出现长期亏损。这些因素导致衰退期企业的资产规模大幅减少。

从资产负债率水平看，企业从成长期到衰退期，资产负债率在减少。成长期企业资产负债率均值最高，为43.91%左右。这是因为这个时期的企业处于快速扩张时期，但内部资源无法满足其运营需求，所以需要进行大量举债。成熟期的企业资金充裕，企业的资产运营不需要通过大量举债来维持。衰退期企业市场规模缩减和盈利能力下降，导致企业偿债能力下降，举债困难。因此，其资产负债率均值为三阶段企业最低，仅有37.28%。

从企业的盈利能力看，成熟期企业盈利能力最强，均值为0.05003。衰退期企业盈利能力最弱，均值仅为0.01817，远低于全样本均值0.0444109，这时企业必须重新进行市场定位，以求找到新的利润增长点。

6.2 相关性检验

6.2.1 Pearson 相关性检验

描述性统计直观地反映了变量的大致分布状况，呈现了变量的基本情况。为了进一步判断各个变量间的相关关系是否存在，本书通过 stata 对各变量间的相关性进行检验。由于各变量均为连续变量，因此，在检验相关性关系时采用 Pearson 相关系数。Pearson 相关系数矩阵如表 6－5 所示。

表 6－5　　　　全样本各变量 Pearson 相关性检验

变量	rd	subsize	subcon	size	roe	lev	cr
rd	1						
subsize	0. 186 *** (0. 0000)	1					
subcon	0. 069 *** (0. 0000)	－ 0. 025 ** (0. 0450)	1				
size	－ 0. 062 *** (0. 0000)	－ 0. 114 *** (0. 0000)	0. 133 *** (0. 0000)	1			
roe	0. 094 *** (0. 0000)	0. 0022 (0. 861)	0. 006 (0. 641)	0. 147 *** (0. 0000)	1		
lev	－ 0. 092 *** (0. 0000)	－ 0. 035 *** (0. 0000)	0. 025 ** (0. 0460)	0. 505 *** (0. 0000)	－ 0. 149 *** (0. 0000)	1	
cr	－ 0. 006 (0. 6297)	0. 003 (0. 8405)	－ 0. 071 *** (0. 0000)	0. 171 *** (0. 0000)	0. 128 *** (0. 0000)	0. 047 *** (0. 0000)	1

注：*** 、*** 和 * 分别表示在1% 、5% 和10% 的水平上显著，括号内是 P 值。

从相关性检验结果可知，变量 subsize、subcon、size、lev、roe 均与变量 rd 在1% 的水平上显著相关。其中，变量 subsize、subcon、roe 均与变量 rd 正相关，说明政府补助规模、政府补助连续性、企业净资产收益率均能正向促进企业加大研发投入。变量 size、lev 均与变量 rd 负相关，说明企业的规模和资产负债率会抑制企业进行研发投入。当企业的资产负债率较高时，企业为保证正常运营，会选择降低其研发活动的资金投入。

各变量之间是否存在多重共线性可以通过变量之间的 Pearson 矩阵进行初步

判断，若变量之间的相关系数大于 0.7，则两个变量存在共线性（Dormann，et al.，2013）。由表 6-5 可知，各变量之间的相关系数最大值为 0.5053，因此，可以初步判定各变量之间不存在多重共线问题。

6.2.2 多重共线性诊断

由于前面通过 Pearson 检验只能初步地对多重共线性进行判断，因此，在进行回归前，有必要对各样本组进行多重共线性诊断。通常使用容差和 VIF 值对变量间共线性进行衡量。表 6-6 是各样本组变量的多重共线性检验结果。容差是指容忍度，是以各个自变量作为因变量对其他自变量回归得到的残差，容差的标准一般是 0.1。若容差小于 0.1，则认为变量之间存在严重的多重共线性，且容差的值越小，共线性越严重。而 VIF 是指方差膨胀因子，VIF 越大则变量之间的共线问题越严重。方差膨胀因子介于 0~10 时，则可判定变量间没有共线问题。从表 6-6 可以看出，所有变量的容差都大于 0.1，VIF 值在 0~10，除了政府补助规模及其平方项，其他变量的 VIF 值均小于 2，因此，变量之间没有共线性问题。

表 6-6 各样本组变量多重共线性检验

变量	全样本		成长期		成熟期		衰退期	
	VIF	容差	VIF	容差	VIF	容差	VIF	容差
subsize	6.91	0.145	7.02	0.143	7.32	0.137	6.42	0.156
subsize2	6.87	0.146	6.96	0.144	7.29	0.137	6.42	0.156
subcon	1.03	0.969	1.04	0.96	1.03	0.971	1.04	0.965
size	1.53	0.655	1.49	0.673	1.61	0.621	1.41	0.708
lev	1.45	0.69	1.43	0.70	1.50	0.669	1.35	0.738
roe	1.11	0.901	1.07	0.931	1.13	0.884	1.12	0.892
cr	1.05	0.95	1.03	0.969	1.09	0.918	1.04	0.959

6.3 回归分析

6.3.1 全样本的回归分析

全样本回归分析结果如表 6-7 所示。模型一和模型二的结果显示，政府补助规模的一次项和补助连续性均在1%水平上与研发投入显著正相关，而政府补助规模的二次项与企业R&D投入并没有显著关系。说明从全样本角度看，政府补助的规模和连续性均可正向激励企业R&D投入的增加。模型三是将政府补助规模和连续性纳入同一模型，回归结果显示，政府补助规模和连续性估计系数的正负性和显著性与模型一、模型二的回归结果相比并未发现明显变化，仍与研发投入在1%水平上显著正相关。企业的研发活动具有所需时间长、投入资金多等特点，企业连续获得政府补助使企业内部的自由资金长期充裕，确保了企业研发活动的顺利开展和持续进行，提高了研发成功的可能性。而且当政府连续对某一企业进行补助时，可以缓解政企间的信息不对称，有效抑制企业出现的逆向选择与道德风险问题。企业为了能长期稳定地获得政府补助，会自愿加大研发投入，积极开展研发活动，从而确保自身申请政府补助的优势，而不是进行虚假研发，骗取政府补助。可以看出，实证结果和前文博弈的结果一致，即政府补助的规模和连续性均对企业研发投入产生促进作用，呈现显著正相关，假设1得到验证。

表6-7　　　　　　　　　　　全样本回归分析结果

变量	全样本		
	模型一	模型二	模型三
	rd	rd	rd
subsize	0.564 ***	—	0.551 ***
	(0.104)		(0.104)
subsize2	−2.738	—	−2.101
	(4.684)		(4.695)
subcon	—	0.000808 ***	0.000818 ***
		(0.000140)	(0.000141)
size	−0.000299	−0.000855 ***	−0.0005 **
	(0.000212)	(0.000226)	(0.000228)
roe	0.0136 ***	0.0146 ***	0.0139 ***
	(0.00236)	(0.00233)	(0.00236)
lev	−0.00510 ***	−0.00409 ***	−0.00467 ***
	(0.00126)	(0.00126)	(0.00126)
cr	−0.0013	0.000028	−0.000421
	(0.00141)	(0.00142)	(0.00141)
Constant	0.0263 ***	0.0372 ***	0.0274 ***
	(0.00455)	(0.00454)	(0.00457)

变量	全样本		
	模型一	模型二	模型三
	rd	rd	rd
Observations	6325	6325	6325
Adjusted R Squared	0.048	0.022	0.054
F	34.89 ***	24.27 ***	32.91 ***

注：***、***和*分别表示在1%、5%和10%的水平上显著，括号内是稳健标准误。

从表 6-7 中还可以看出，净资产收益率与研发投入显著正相关，说明盈利能力越强的企业，企业内部可支配的用于研发投入的资金规模越大，越有利于研发投入的增加。资产负债率与研发投入在 1% 水平上显著负相关，说明当企业的资产负债率较高时，企业为保证正常运营，会选择降低其研发活动的资金投入。

6.3.2　不同生命周期样本的回归分析

从表 6-8~表 6-10 中可以看出，政府补助对不同生命周期企业研发投入的影响具有差异性。

（1）成长期企业样本回归结果（见表 6-8）。对于成长期企业来说，政府补助规模一次项与企业研发投入在 1% 的水平上显著正相关，而补助规模的二次项与研发投入的关系不显著。说明政府补助规模与成长期企业研发投入只有显著正相关关系，且关系系数为 0.651，这意味着上一期政府补助占企业资产的比重每增加 1%，本期企业将增加研发投入，增长值为营业收入的 0.651%。从模型三的回归结果中可以看出，政府补助规模和连续性都与企业研发投入在 1% 水平上显著正相关，假设 2 得到验证。另外，成长期企业的净资产收益率和企业的 R&D 投入显著正相关，资产负债率与企业的 R&D 投入显著负相关。

表 6-8　　　　　　　　　　　成长期回归分析结果

变量	成长期样本		
	模型一	模型二	模型三
	rd	rd	rd
subsize	0.651 *** (0.1679)	—	0.633 *** (0.167)

变量	成长期样本		
	模型一	模型二	模型三
	rd	rd	rd
subsize2	−4.726 (8.6438)	—	−3.84 (8.622)
subcon	—	0.000798 *** (0.000225)	0.000797 *** (0.000226)
size	−0.0000697 (0.000337)	−0.000651 * (0.000347)	−0.000285 (0.000348)
lev	−0.00471 ** (0.00201)	−0.00392 ** (0.00199)	−0.00417 ** (0.002)
cr	0.000125 (0.00215)	0.0015 (0.00218)	0.00107 (0.00216)
roe	0.0206 *** (0.00411)	0.0210 *** (0.00399)	0.0205 *** (0.00410)
Constant	0.0203 *** (0.0203)	0.0322 *** (0.00718)	0.0218 *** (0.0721)
Observations	2840	2840	2840
Adjusted R Squared	0.05	0.022	0.055
F	16.16 ***	10.65 ***	14.55 ***

注：*** 、 *** 和 * 分别表示在 1% 、5% 和 10% 的水平上显著，括号内是稳健标准误。

（2）成熟期企业样本回归结果（见表 6 - 9）。对于成熟期企业来说，政府补助规模的一次项和二次项都与研发投入无显著关系。由此可知，政府补助规模对成熟期企业并没有影响。政府补助连续性与企业 R&D 投入在 1% 水平上显著正相关，说明连续的政府补助能有效促进成熟期企业的研发投入，假设 3 得到验证。控制变量中除了企业规模与企业 R&D 投入显著负相关，其他控制变量对研发投入的关系都不显著。这可能是因为这一阶段的企业内部研发资源充裕，企业具有较强的市场竞争力和盈利能力，企业内部影响研发投入的因素比较复杂。

表 6 - 9　　　　　　　　　成熟期回归分析结果

变量	成熟期样本		
	模型一	模型二	模型三
	rd	rd	rd
subsize	0.226 (0.171)	—	0.226 (0.171)

续表

变量	成熟期样本		
	模型一	模型二	模型三
	rd	rd	rd
subsize2	8.299 (7.42)	—	8.713 (7.41)
subcon	—	0.000877 *** (0.000223)	0.000944 *** (0.000224)
size	− 0.00133 ** (0.000358)	− 0.00184 *** (0.000356)	− 0.00153 *** (0.000362)
lev	− 0.00262 (0.0022)	− 0.00127 (0.00216)	− 0.00236 (0.00219)
cr	− 0.00377 (0.00235)	− 0.00254 (0.00237)	− 0.00259 (0.00238)
roe	0.0137 *** (0.00425)	0.0152 *** (0.00426)	0.0140 *** (0.00422)
Constant	0.0508 *** (0.0738)	0.0593 *** (0.00722)	0.0513 *** (0.00738)
Observations	2349	2349	2349
Adjusted R Squared	0.046	0.029	0.057
F	14.47 ***	14.23 ***	14.48 ***

注：***、***和*分别表示在1%、5%和10%的水平上显著，括号内是稳健标准误。

（3）衰退期企业样本回归结果（见表6-10）。对于衰退期企业来说，政府补助连续性与企业研发投入在1%水平上显著正相关。模型一和模型三的结果均表明，政府补助规模的一次项与研发投入显著正相关，其二次项与企业研发投入显著负相关，即政府补助规模与研发投入强度呈倒"U"型关系，假设4得到验证。其中，模型三的拟合方程为 $Y = 1.019x - 19.79x^2$，极值点为2.57%。也就是说，当政府补助占企业总资产的比例在 0～0.0257 的时候，政府补助可以促进衰退期企业的研发投入，当政府补助占企业总资产的比例超过 0.0257 时，政府补助将抑制衰退期企业的研发投入。而从前文描述性统计可知，衰退期企业获得政府补助的最大值为 0.1419，说明政府在发放补助时存在倾向，有部分企业得到过多的政府补助。在控制变量中，企业规模与 R&D 投入显著正相关，资产负债率对企业 R&D 投入有显著负向影响。

表6-10　　　　　　　　衰退期回归分析结果

变量	衰退期样本		
	模型一	模型二	模型三
	rd	rd	rd
subsize	1.042 ***	—	1.019 ***
	(0.199)		(0.20005)
subsize2	-20.35 ***	—	-19.79 **
	(7.306)		(7.381)
subcon	—	0.000719 ***	0.000582 **
		(0.000288)	(0.000289)
size	0.00101 **	0.000458	0.000839 *
	(0.000437)	(0.000454)	(0.000451)
lev	-0.0110 ***	-0.0106 ***	-0.0107 ***
	(0.00231)	(0.00233)	(0.00232)
cr	0.00304	0.00441	0.00334
	(0.00316)	(0.00319)	(0.00316)
roe	0.0000214	0.00149	0.00036
	(0.00279)	(0.00271)	(0.00281)
Constant	-0.00458 **	0.00757 **	-0.00319 **
	(0.0113)	(0.00931)	(0.0114)
Observations	1136	1136	1136
Adjusted R Squared	0.071	0.022	0.073
F	12.13 ***	7.41 ***	11.26 ***

注：***、***和*分别表示在1%、5%和10%的水平上显著，括号内是稳健标准误。

6.4　稳健性检验

6.4.1　基于不同生命周期划分方法的稳健性检验

通过对国内外研究的梳理可知，目前，关于企业生命周期的划分方法存在分歧。为了确保本书实证分析结果的准确性，本书将采用另一种方法重新对全样本数据进行生命周期划分，并用此种方法划分得到的样本组对前面得出的结论进行稳健性检验。本书采用李云鹤的方法，通过四个指标来划分企业生命周期，见表6-11。考虑到行业差异，先根据四个指标的总得分把总样本分行业进行由大到小排序，其中每一行业样本都按照总得分大小分成高、中、低三部分，分别对应成长期、成熟期和衰退期（李云鹤，2011）。最后，把各行业的分类结果汇总，即得到制造业上市公司企业生命周期的样本分类结果。

表 6 - 11　　　　　　　　综合指标法划分生命周期

生命周期	营业收入增长率		留存收益率		资本支出率		企业年龄	
	特征	赋值	特征	赋值	特征	赋值	特征	赋值
成长期	高	3	低	3	高	3	低	3
成熟期	中	2	中	2	中	2	中	2
衰退期	低	1	高	1	低	1	高	1

稳健性检验结果如表 6 - 12 和表 6 - 13 所示，结果显示在对企业重新划分生命周期后，回归结果显著性仍与前文一致，各生命周期企业的回归均通过稳健性检验。对于成长期企业，政府补助规模和政府补助连续性与企业研发投入显著正相关，成熟期政府补助规模与企业研发投入不相关，政府补助连续性对企业研发投入有显著正效应，衰退期企业政府补助规模对企业研发投入呈先促进后抑制的倒 "U" 型关系，政府补助连续性与企业研发投入显著正相关。

表 6 - 12　　　　　　　　成长期和成熟期稳健性检验

变量	成长期样本			成熟期样本		
	模型一	模型二	模型三	模型一	模型二	模型三
	rd	rd	rd	rd	rd	rd
subsize	0.546 ** (0.222)	—	0.526 ** (0.221)	0.318 (0.19)	—	0.309 (0.19)
subsize2	5.32 (9.026)	—	6.264 (8.973)	14.29 (9.843)	—	14.76 (9.839)
subcon	—	0.000821 *** (0.000298)	0.000856 *** (0.0003)	—	0.000615 *** (0.000231)	0.000638 *** (0.000231)
size	− 0.00109 ** (0.000476)	− 0.00196 *** (0.0005)	− 0.00141 *** (0.000495)	− 0.00117 *** (0.000383)	− 0.00164 *** (0.00038)	− 0.00134 *** (0.00039)
lev	0.00344 (0.00274)	0.00446 (0.00276)	0.00386 (0.00271)	− 0.00178 (0.002272)	− 0.00093 (0.00224)	− 0.00149 (0.002279)
cr	− 0.00683 ** (0.0029)	− 0.00564 ** (0.00291)	− 0.00553 ** (0.00287)	0.00252 (0.002268)	0.00321 (0.00227)	0.00308 (0.002283)

续表

变量	成长期样本			成熟期样本		
	模型一	模型二	模型三	模型一	模型二	模型三
	rd	rd	rd	rd	rd	rd
roe	0.0495 ***	0.0559 ***	0.0496 ***	0.0314 ***	0.0342 ***	0.0320 ***
	(0.00731)	(0.00769)	(0.00735)	(0.00533)	(0.00543)	(0.00534)
Constant	0.0423 ***	0.0599 ***	0.0458 ***	0.0428 ***	0.0524 ***	0.0439 ***
	(0.0102)	(0.0104)	(0.0153)	(0.00804)	(0.00783)	(0.00809)
Observations	1489	1489	1489	2298	2298	2298
Adjusted R Squared	0.094	0.044	0.99	0.067	0.029	0.071
F	20.55 ***	12.49 ***	18.28 ***	18.45 ***	13.68 ***	16.68 ***

注：***、***和*分别表示在1%、5%和10%的水平上显著，括号内是稳健标准误。

表6-13　　　　　　　　　　　**衰退期稳健性检验**

变量	衰退期样本		
	模型一	模型二	模型三
	rd	rd	rd
subsize	0.713 ***	—	0.699 ***
	(0.136)		(0.136)
subsize2	-14.66 ***	—	-14.11 **
	(5.377)		(5.429)
subcon	—	0.00101 ***	0.00100 ***
		(0.000208)	(0.000209)
size	0.000301	-0.00014	0.000118
	(0.000297)	(0.000304)	(0.000304)
lev	-0.00695 ***	-0.00615 ***	-0.00635 ***
	(0.00168)	(0.00168)	(0.00168)
cr	-0.0025	-0.000955	-0.0016
	(0.00224)	(0.00225)	(0.00282)
roe	-0.00298	-0.0023	-0.00279
	(0.00207)	(0.00205)	(0.00208)
Constant	0.012 ***	0.0197 ***	0.0119 *
	(0.00611)	(0.00615)	(0.00612)
Observations	2538	2538	2538
Adjusted R Squared	0.029	0.017	0.039
F	10.21 ***	8.57 ***	11.47 ***

注：***、***和*分别表示在1%、5%和10%的水平上显著，括号内是稳健标准误。

6.4.2　基于不同回归分析方法的稳健性检验

前文回归方法为 OLS，现在改用面板数据回归方法进行回归分析，Hausman 检验结果为拒绝原假设，固定效应（fe）比随机效应（re）更适用于本模型，稳健性检验结果和 Hausman 检验结果见表 6 - 14 ～ 表 6 - 17。通常，为确保回归结果的准确性，长时序面板数据需要进行单位根检验。但由于本书的面板数据只有五年，为短面板数据（T = 5，N = 1265），因此，可以不考虑此问题（温明月，2017）。回归结果显示，有部分系数的大小发生变化，但自变量的系数符号及显著性程度基本无变化，进一步说明本书研究的结论是稳健的。

表 6 - 14　　　　　　　　　　全样本稳健性检验

变量	全样本					
	模型一		模型二		模型三	
	fe	re	fe	re	fe	re
subsize	0. 1406 ***	0. 2102 ***	—	—	0. 1264 ***	0. 2027 ***
	（0. 0489）	（0. 0666）			（0. 0488）	（0. 067）
subsize2	− 0. 1412	− 0. 0490			0. 0512	0. 0883
	（0. 673）	（1. 2408）			（0. 6709）	（1. 245）
subcon	—	—	0. 0010 ***	0. 0014 ***	0. 001 ***	0. 0015 ***
			（0. 0001）	（0. 0001）	（0. 0002）	（0. 0002）
size	0. 0085 ***	0. 0032 ***	0. 0059 ***	0. 0015	0. 0066 ***	0. 0016
	（0. 0007）	（0. 0010）	（0. 0008）	（0. 0011）	（0. 0008）	（0. 0001）
roe	− 0. 0024 ***	− 0. 0026 ***	− 0. 0024 ***	− 0. 0026 *	− 0. 0024 ***	− 0. 0025 *
	（0. 0006）	（0. 0013）	（0. 0006）	（0. 0013）	（0. 0006）	（0. 0013）
lev	− 0. 0139 ***	− 0. 0224 **	− 0. 0137 ***	− 0. 0204 ***	− 0. 0125 ***	− 0. 0204 ***
	（0. 0031）	（0. 0043）	（0. 0031）	（0. 0031）	（0. 0031）	（0. 0043）
cr	− 0. 0131 ***	− 0. 024 ***	− 0. 0072	− 0. 0107 ***	− 0. 0084 *	− 0. 0179 ***
	（0. 0049）	（0. 0051）	（0. 0050）	（0. 0054）	（0. 0050）	（0. 0051）
Constant	− 0. 1406 ***	− 0. 0173	− 0. 0881 ***	0. 1406	− 0. 1032 ***	0. 0108
	（0. 0159）	（0. 0208）	（0. 0167）	（0. 0150）	（0. 0170）	（0. 0220）
Hausman test	216. 04 ***		113. 37 ***		398. 06 ***	
Observations	6325	6325	6325	6325	6325	6325
Adjusted R Squared	0. 04	0. 087	0. 04	0. 044	0. 047	0. 04
F/Wald	F = 34. 67 ***	Wald = 112. 52 ***	F = 41. 77 ***	Wald = 119. 88 ***	F = 35. 36 ***	Wald = 34. 67 ***

注：*** 、*** 和 * 分别表示在 1% 、5% 和 10% 的水平上显著。

表 6 - 15 　　　　　　　　　　　　成长期稳健性检验

变量	成长期样本					
	模型一		模型二		模型三	
	fe	re	fe	re	fe	re
subsize	0.2211 ***	0.3975 ***	—	—	0.2034 **	0.3761 ***
	(0.0888)	(0.1179)			(0.0895)	(0.1186)
subsize2	−3.1921	−2.9822			−2.9921	−2.7069
	(2.3816)	(2.1512)			(1.2254)	(2.1627)
subcon	—	—	0.0022 ***	0.0016 ***	0.0021 ***	0.0016 ***
			(0.0005)	(0.0003)	(0.0005)	(0.0003)
size	0.0088 ***	0.0029 **	0.0074 ***	0.0011	0.0080 ***	0.0015
	(0.0023)	(0.0011)	(0.0012)	(0.0013)	(0.0012)	(0.0012)
roe	−0.0443 ***	−0.0412 ***	−0.0393 ***	−0.0381 ***	−0.0395 ***	−0.0372 ***
	(0.0062)	(0.0063)	(0.0055)	(0.0055)	(0.0055)	(0.0058)
lev	−0.0034	−0.0267 ***	−0.0049	−0.0263 ***	−0.0042	−0.0259 ***
	(0.0082)	(0.0061)	(0.0051)	(0.0063)	(0.0051)	(0.0060)
cr	0.0009	−0.0192 ***	0.0029	−0.0126 *	0.0030	−0.0138 **
	(0.0137)	(0.0067)	(0.0097)	(0.0070)	(0.0097)	(0.0066)
Constant	−0.1512 ***	−0.0069	−0.1224 ***	0.0278	−0.1358 ***	0.0161
	(0.0531)	(0.0244)	(0.0266)	(0.0274)	(0.0275)	(0.0258)
Hausman test	253.7 ***		96.23 ***		269.49 ***	
Observations	2840	2840	2840	2840	2840	2840
Adjusted R Squared	0.066	0.104	0.063	0.058	0.066	0.122
F/Wald	F = 20.79 ***	Wald = 101.88 ***	F = 23.59 ***	Wald = 104.84 ***	F = 17.74 ***	Wald = 124.83 ***

注：***、***和*分别表示在1%、5%和10%的水平上显著。

表 6 - 16 　　　　　　　　　　　　成熟期检验结果

变量	成熟期样本					
	模型一		模型二		模型三	
	fe	re	fe	re	fe	re
subsize	0.0164	0.0741	—	—	0.0159	0.0701
	(0.0985)	(0.1118)			(01172)	(0.1101)
subsize2	2.6872	3.8566			3.3155	4.1374 *
	(1.7433)	(2.5005)			(2.6589)	(2.4780)
subcon	—	—	0.0012 ***	0.0015 ***	0.0012 ***	0.0016 ***
			(0.0002)	(0.0002)	(0.0003)	(0.0002)
size	0.0091 ***	0.0011	0.0053 ***	−0.0006	0.0060 **	0.0002
	(0.0015)	(0.0008)	(0.0016)	(0.0009)	(0.0023)	(0.0008)

续表

变量	成熟期样本					
	模型一		模型二		模型三	
	fe	re	fe	re	fe	re
roe	− 0.0322 ***	− 0.0294 ***	− 0.0321 ***	− 0.0306 ***	− 0.0314 ***	− 0.0288 ***
	(0.0050)	(0.0053)	(0.0049)	(0.0049)	(0.0056)	(0.0051)
lev	− 0.0372 ***	− 0.0410 ***	− 0.0349 ***	− 0.0394 ***	− 0.0345 ***	− 0.0387 ***
	(0.0061)	(0.0050)	(0.0061)	(0.0051)	(0.0084)	(0.0049)
cr	− 0.0181 **	− 0.0215 ***	− 0.0109	− 0.0153 ***	− 0.0111	− 0.0156 ***
	(0.0078)	(0.0052)	(0.0078)	(0.0054)	(0.0085)	(0.0052)
Constant	− 0.1453 ***	0.0371 **	− 0.0665 *	0.0677 ***	− 0.0836	0.0556
	(0.0344)	(0.0179)	(0.0351)	(0.0185)	(0.0522)	(0.0177)
Hausman test	75.05 ***		20.5 ***		96.75 ***	
Observations	2349	2349	2349	2349	2349	2349
Adjusted R Squared	0.073	0.15587	0.078	0.114	0.091	0.1688
F/Wald	F = 17.53 ***	Wald = 134.53 ***	F = 22.46 ***	Wald = 135 ***	F = 18.88 ***	Wald = 159.38 ***

注：*** 、*** 和 * 分别表示在1%、5%和10%的水平上显著。

表 6 - 17　　　　　　　　　　衰退期检验结果

变量	衰退期样本					
	模型一		模型二		模型三	
	fe	re	fe	re	fe	re
subsize	0.0681 ***	0.4949 **	—	—	0.0769 ***	0.4872 **
	(0.1749)	(0.1932)			(0.1742)	(0.1926)
subsize2	− 2.6561 **	0.2075	—	—	− 2.6059 **	0.3117
	(2.2152)	(3.0290)			(2.2049)	(3.0414)
subcon	—	—	0.0013 **	0.0018 ***	0.0014 ***	0.0018 ***
			(0.0006)	(0.0005)	(0.0006)	(0.0005)
size	0.0158 ***	0.0030 **	0.0138 ***	0.0017	0.0136 ***	0.0021
	(0.0033)	(0.0013)	(0.0034)	(0.0014)	(0.0034)	(0.0013)
roe	− 0.0056 ***	− 0.0490 ***	− 0.0591 ***	− 0.0551 ***	− 0.0542 ***	− 0.0475 ***
	(0.0081)	(0.0012)	(0.0082)	(0.0129)	(0.0081)	(0.0117)
lev	− 0.0471 ***	− 0.0499 **	− 0.0494 ***	− 0.0523 ***	− 0.0431 ***	− 0.0475 ***
	(0.0125)	(0.0074)	(0.0126)	(0.0076)	(0.0125)	(0.0073)
cr	0.0091	− 0.0109	0.0125	− 0.0083	0.0120	− 0.0093
	(0.0185)	(0.0098)	(0.0188)	(0.0102)	(0.0185)	(0.0097)
Constant	− 0.2923 ***	− 0.0081	− 0.2516 ***	0.0209	− 0.2520 ***	0.0035
	(0.0711)	(0.0268)	(0.0735)	(0.0284)	(0.0728)	(0.0272)

续表

变量	衰退期样本					
	模型一		模型二		模型三	
	fe	re	fe	re	fe	re
Hausman test	62.64 ***		18.76 ***		65.26 ***	
Observations	1136	1136	1136	1136	1136	1136
Adjusted R Squared	0.162	0.187	0.137	0.087	0.172	0.193
F/Wald	F = 15.38 ***	Wald = 86.33 ***	F = 15.22 ***	Wald = 74.06 ***	F = 14.09 ***	Wald = 100.07 ***

注：*** 、*** 和 * 分别表示在1%、5%和10%的水平上显著。

6.5　研究启示

6.5.1　基于政府角度的分析

（1）加大对制造业创新项目的补助力度，确保政策连续性。博弈分析和实证分析的结果都表明，政府补助规模和补助连续性均对企业研发投入产生激励效应。从前文的描述性统计可以看出，我国制造业上市公司研发投入强度均值仅为2.05%，与发达国家仍存在一定差距。制造业上市公司所得到的补助强度均值仅为0.46%，补助资金与开展研发活动所需资金间的缺口较大。因此，政府应该继续增加对制造业研发创新活动的补助力度，保持补助政策的连续性，对连续获得补助的企业给予一定奖励，并放宽该企业申报补助的条件。

（2）建立根据企业生命周期阶段进行最优补助的机制，提高补助效益。通过对回归结果的分析，可以发现，对于不同生命周期的企业，政府补助的效果也存在差异。政府补助对成熟期企业的研发投入无显著影响。对于成长期企业，政府补助可有效促进企业研发投入的增加，但由于成长期企业成立时间短、规模小以及政府对企业的研发能力不了解等因素，使得企业难以获取足额的政府补助。相反，从前文的描述性统计可知，政府补助对衰退期企业研发投入呈倒"U"型影响，过多的补助反而会抑制企业的研发投入。对此，为提高政府补助的使用效率，政府应一方面建立针对成长期企业的研发补助专项资金，确保对成长期企业的研发补助；另一方面也应留意企业生命周期的变动情况，据此动态调整相应的补助政策。

（3）建立有效监管机制，加大对挪用补助的惩罚力度。由于政企间存在信息不对称，政府对企业的补助资金使用情况并不能完全掌控，企业获得补助后可能会出现道德风险，因此，应该建立相应的政府补助监管机制，对获得补助的企业进行督查，了解补助资金的使用情况以及时发现问题。同时，加大对挪用补助的惩罚力度可有效抑制企业出现道德风险行为，为政府的补助政策取得预期效果提供保障。

（4）重视对企业创新情况的及时把握。为保障政府针对企业各生命周期的特点进行补助的政策能够顺利实施以及提高政府监管的效率，政府应对企业信息进行有效收集。政府可以通过区块链技术建立企业信息动态收集平台，区块链上的信息都可追溯、不可被篡改且不会丢失。企业通过平台上传与企业生命周期、政府补助使用和研发投入等相关的信息与数据，政府根据此信息和数据对企业进行生命周期分类并进行针对性补助。同时，可以通过平台对补助的发放和使用进行动态分析和监管。对企业信息的高效收集可以减少政府部门的监管成本和时间，并提高监管效率以及补助的效益。

（5）完善专利保护的法律法规，加强对企业知识产权的保护。总体来看，我国制造业企业创新积极性不高，其中主要的原因之一是研发活动的技术溢出，目前我国关于知识产权保护的法律法规还不完善，许多企业采用抄袭、盗版等"搭便车"方式获得新技术，使企业的研发收益损失巨大。因此，政府必须加强对知识产权等创新成果的保护力度，完善专利保护的法律法规，对市场上的抄袭、盗版等行为进行监管及处罚。

6.5.2　基于企业角度的分析

（1）企业应加强对政府补助资金的管理，合理使用政府补助。作为国家创新驱动战略实施的主要载体，企业应意识到开展研发创新活动对于企业乃至整个国家的重要意义。政府补助是政府对企业研发活动市场失灵的调控行为，政府期望通过补助可以激励企业加大研发投入，积极开展研发创新活动。企业在获得补助后，应合理有效地使用补助资金并增加研发资金的投入，利用这些资金积极开展研发活动。

（2）提高企业信息的披露效率和准确性。当前，大多数企业只是在财务报表中对研发相关信息进行简单披露，对已获得的政府补助的使用未做详细解释，并且存在虚假披露现象，使政府无法准确和详细地了解企业研发活动的开展以及补助的使用情况。因此，企业应完善相关信息的披露体系，以增强政府和群众对企业是否合理使用政府补助的监督。

（3）根据企业现状，进行研发资源的合理配置。处于不同生命周期的企业，其研发资源和研发的产出效率存在明显差异。因此，企业必须立足于现状，合理配置研发资源。成长期的企业，应尽可能地加大研发资源投入，提高企业的研发能力和市场竞争力；成熟期阶段的企业，应适当地增加研发投入以维持企业的研发创新动力和市场竞争力；衰退期的企业应控制对研发活动的资源投入，将更多的资源用于企业的重新定位和生产经营活动。

第7章　高管连锁网络与企业研发投入
关系理论分析

企业高管团队因兼职形成的高管连锁网络是影响企业决策行为最重要的一种社会网络形式。基于资源依赖理论，企业创新决策总是与某些特定的资源联系在一起（陈爽英等，2010），而企业网络特征在很大程度上决定了企业获取资源的能力。高新技术企业创新的需求较高，高管连锁网络中创新资源丰富，处于网络有利位置的企业更有动力利用网络优质资源开展创新活动。基于注意力基础观和高阶梯队理论，创新注意力越强，管理者越可能将资源、努力和权威投入创新中（Thomas，1988），创新注意力同时会受到企业的社会关系和资源、所处的背景环境等因素的影响（吴建祖等，2016）。到目前为止，少有文献讨论高管连锁网络对研发投入的影响，且尚未有学者将高管连锁网络、创新注意力以及企业研发投入三者纳入同一框架进行研究。本书探讨高管连锁网络、创新注意力与企业研发投入之间的相互关系将弥补这一领域研究的不足。

7.1　高管连锁网络与企业研发投入

当今时代科学技术更迭频繁，依靠企业内部的资源难以保障创新效率、满足创新的持续性投入。资源依赖理论认为，企业的发展状况取决于其在外部环境交换过程中获取资源的能力，高管连锁网络作为企业重要的社会关系网络，占据网络核心位置的企业可以获得高价值资源，且迅速发现市场中的潜在机会（Mazzola et al.，2016），并可以减弱因环境不确定性对于企业创新的负面影响。高管连锁网络会影响企业搜集的信息资源的丰富程度，对企业创新决策有重要影响。有研究发现连锁董事网络的存在会促使关联企业投资的趋同（陈运森，郑登津，

2017），对高新技术的研发也会产生促进作用（Benjamin et al.，2014）。随着科学技术的不断发展及资源要素成本的变化，研发持续投入变得越来越重要，企业在面对不确定性的外部环境时，单靠内部资源已经很难满足创新需求，须寻求外部社会资本援助，可通过外部网络寻求解决办法（李维安，2016）。与其他外部信息获得途径相比，高管连锁网络是可靠性高而成本较低的信息传递机制，可提升企业对信息资源的掌控能力，提高企业对新商机的探索能力（Shropshire，2010）。因此，基于资源依赖理论，探究高管连锁网络对研发投入的影响具有重要意义。

7.1.1 网络中心度与企业研发投入

中心度强调企业处于网络中心枢纽的程度（Haunschild，Beckman，1998），表示企业间联系的数量，是网络结构中最重要的指标之一（邵强，耿红悦，2017）。中心度对于企业创新活动的作用主要体现为：第一，企业在高管连锁网络中的中心度越大，表示企业之间的联系越紧密，可从网络中获得更多新信息和新资源。在企业竞争中，掌握稀缺、难以模仿、不可替代的价值性资源是超越竞争对手的关键（康宁，2019）。第二，高管连锁网络为企业进行创新决策提供了良好的信息传递和交流的平台（Geletkaycz，Hambrick，1997），企业拥有一定的自身资源，企业之间通过高管连锁网络可以拓宽资源交互的渠道，促使企业多元化视角思考问题，通过思维碰撞为企业激发创新活力并降低决策偏差，提高决策效率和质量。第三，中心位置的企业在网络中具有较高的影响力，对网络伙伴的控制能力更强（张伟年，2015），拥有独特资源和位置优势（Powell et al.，1963），研究发现中心企业比其他企业能更快提升研发投入（赵炎，王燕妮，2017）。已有研究表明，通过高管连锁网络联系的企业之间存在模仿行为（韩洁，田高良，2015），企业的直接联系越紧密，投资水平越相似（Rosanna G，Roger C，2002），中心企业通过高管连锁网络获取更多创新资源和信息，其他企业可以模仿相关联中心企业的创新决策，促使企业更好迎合市场需求、降低创新活动的不确定性。

中心度高的企业是高管连锁网络的链接枢纽，企业可以通过网络平台快速高效获取资源、了解市场需求，获得市场先机，识别创新机会，降低创新的不确定性。高新技术企业创新的需求和创新动力高，位于网络中心位置的企业会积极主动利用网络资源，提高企业研发投入。基于此，本书做出以下假设。

H1：网络中心度正向促进企业研发投入。

7.1.2　网络结构洞与企业研发投入

结构洞关注的是企业与企业间联系的关系模式（钱锡红等，2010），衡量企业间联系的质量（严若森等，2018）。根据结构洞理论，如果企业与许多彼此不相连的企业有联结，那么这种结构会对自身有利。结构洞充当知识传输和信息控制枢纽的角色，占据结构洞的组织通常具有信息、控制和自主创新方面的优势，有利于决策者更好地把握机会和判断风险，降低创新的不确定性，从而促使企业进行创新。一方面，结构洞位置能够向企业提供结构洞中固有的差异化信息和机会（Tortoriello，2015），帮助企业更好地利用其内部优势与外部资源，促使企业准确判断市场环境，激发企业创新动力；另一方面，连锁董事网络中的"桥梁"结构洞在推进信息流的过程中发挥着关键作用，具有信息优势和控制优势（Burtrs，2004），位于结构洞位置的"中介者"能够控制信息流为其自身服务（Uzzi，1997），降低创新风险。同时，大量异质性资源有助于企业优先把握创新时机，促使企业开辟新的市场、开发新产品，在激烈的市场竞争中占据优势地位。

具有丰富结构洞的企业，在网络中占据着优势位置，竞争实力更强。企业通过结构洞进行间接联系，可以缩短信息传递的路径、加速信息的流动、提高资源利用效率（Uzzi，1997），拥有丰富结构洞的企业将更有动力和能力进行创新活动。基于以上分析，提出以下假设。

H2：高管连锁网络结构洞越丰富，越有利于企业增加研发投入。

7.2　创新注意力与企业研发投入

创新注意力表示的是高管团队基于所在的决策情境将有限的注意力集中在与创新相关的议题或者解决方案上的强弱（吴建祖等，2016），企业的创新注意力关注的焦点可能就是企业未来的决策和研发投入的方向。创新注意力对于企业研发投入的影响可以从注意力基础观和高阶梯队理论两个角度加以解释。首先，注意力基础观强调了决策者注意力的可持续性，决策者需要根据企业发展动态，分配持续的注意力到企业创新活动中（Kammerlander，Ganter，2015）。创新注意力细化了注意力基础观对于行为特征方面的研究，企业家在创新注意力上的关注，有利于企业在充满竞争的外部环境中识别到创新机会，增加创新上的投入。郭韬等（2018）研究发现，企业创新注意力越强，越有利于技术创新，进而对创新绩效产生正向作用。其次，高阶梯队理论基于认知心理学和有限理性的概念，认为高层管理团队作为企业各项活动的决策主体，高管的认知偏好以及自身特征会对企业的战略选择、创新活动产生影响，进而作用于企业绩效（Hambrick，Mason，1984）。可见，反映高管认知的创新注意力对于企业研发投入具有重要影响。

基于注意力基础观和高阶梯队理论，企业的创新注意力对于企业创新具有重要作用，高管团队对创新关注得越多，管理者越有可能将资源、努力和权威投入创新中（Thomas，1988），高度的创新注意力有助于企业在动态的竞争环境中有效识别潜在外部机会，加大研发投入和人员配备，促使企业高效整合创新资源以提升技术能力，获得更多创新成果（梅胜军等，2018）。企业创新活动相对于其他活动而言有更大的不确定性和风险性，对高管团队的依赖性较强，高管团队在创新上的注意力将会作用于企业创新的整个过程，这就要求决策者根据企业发展动态，分配持续的注意力到企业创新活动中。研究表明，高管的注意力越关注于创新方面，企业越倾向将资源投入创新活动（Shepherd D A，Mcmullen J S，Ocasio W，2017），管理者的创新行为先映射在创新注意力上，企业的注意力越集中在创新方面，企业战略会表现得越积极。

因此，创新注意力较高的企业，在高速变化的动态环境中可以更敏锐地捕捉到政策环境和市场环境变化，继而通过合理分配创新注意力实现想法和行动的统一，进行高效的创新决策，更好地整合创新资源、优化组合创新方案、提高研发投入水平。在此基础上，提出以下假设。

H3：创新注意力对企业研发投入具有促进作用。

7.3　创新注意力的调节作用

创新注意力在高管连锁网络与研发投入关系中的调节作用可以从注意力基础观视角加以解释。注意力基础观认为，管理者决策时通常需要在多种解决方案中进行选择，最终选择结果取决于管理者将注意力配置在哪种解决方案上（Nadk-arni S，Barr P S，2008）。企业可以从高管连锁网络中获取所需的信息和资源，高管基于信息资源做出决策，但是注意力是稀缺有限的资源，企业行为是引导和分配决策者注意力的结果（Ocasio W，1997），高管连锁高管团队的创新注意力具有有限性、易逝性、高替代性等特点，最终组织决策的成败取决于管理者注意力聚焦与配置（吴建祖，肖书锋，2016），创新注意力越高，企业分析处理创新相关信息的效率越高，越有利于增加研发投入。已有研究发现创新注意力在环境背景和战略行动之间具有重要作用（Nadkarni S，Barr P S，2008），外部网络环境的刺激也会影响高管团队的注意力配置，并继而共同作用于企业战略决策，从而推动企业进行创新活动。

（1）创新注意力在中心度与研发投入之间的调节作用。

高管连锁网络中心度高的企业，在网络中有较高的声誉度，能比处于边缘位置的企业获得更多网络中的隐性信息和资源，在一定程度上能够降低企业创新决策中的信息不对称程度（严若森，华小丽，2018），从而影响企业判断技术变革方向，识别潜在市场机会，提高企业创新决策质量（Gnyawali D R，Madhavan R，2001）。这些资源需要管理者高度的重视和整合，才能促使企业精确识别潜在机会、有效探索潜在市场需求，继而研发出新产品和新服务来拓展市场，使企业在竞争中占据更核心的优势地位。此时，创新注意力越高，越有利于关键性信息的识别和转化；反之，若企业不重视创新，则可能导致企业错失机遇。

（2）创新注意力在结构洞与研发投入之间的调节作用。

结构洞充当知识传输和信息控制枢纽的角色，根据资源依赖理论，企业在网络中控制力越强，风险和不稳定程度就相对越低，在网络中拥有更大声望和话语权。占据结构洞的企业通常具有信息、控制和自主创新方面的优势，可以快速有效地获取大量高价值的非冗余资源，帮助企业在不确定的环境中识别潜在机会、掌握市场机遇（Zaheer A，Bell G G，2005），但是企业通过结构洞进行间接联系，在缩短了信息传递的路径、加速信息流动（Uzzi，1997）的同时，由于异质性资源的多样化和复杂性，也增加了企业处理资源的难度，此时需要企业高管团队高度的创新注意力来分析和处理多样化信息，从大量信息中提取有效信息进行创新决策。因此，创新注意力的调节作用有助于发挥结构洞的优势，提升企业研发投入。

综上所述，高管连锁网络帮助企业获取外部资源，创新注意力影响企业对资源处理的效率和效果，二者共同作用于企业的创新决策。高管注意力的焦点影响企业最终的战略选择和决策结果（Ocasio W，2011），创新注意力可以在企业高管连锁网络和研发投入之间发挥一定的调节作用，企业通过高管连锁网络可以获得大量资源和信息，这些信息和资源通过企业高管对创新注意力的配置共同作用于企业的研发投入。因此，本书提出以下假设。

H4：创新注意力正向调节中心度与研发投入之间的关系。

H5：创新注意力正向调节结构洞与研发投入之间的关系。

基于以上分析，本书构建如图 7-1 所示的理论模型，接下来将通过实证研究方法探究高管连锁网络、创新注意力对企业研发投入的影响以及创新注意力在高管连锁网络和研发投入之间是否存在调节作用。

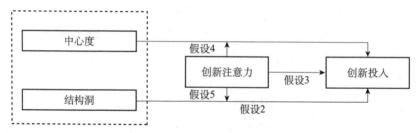

图 7-1　理论模型

第8章　高管连锁网络对企业研发投入影响的实证研究

基于以上对文献的梳理以及对变量之间关系的假设，本章将利用从 CSMAR 数据库和巨潮资讯网获得高新技术企业的相关数据，使用 Stata 软件对变量进行描述性分析、相关性分析，进而通过回归模型验证高管连锁网络的中心度、结构洞、高管创新注意力对企业研发投入的影响，同时检验创新注意力是否在高管连锁网络与研发投入之间存在调节作用。

8.1　样本选择和数据来源

高新技术企业是我国调整产业结构、提高国际竞争力的生力军，在经济发展中具有重要战略地位，国家先后制定与实施"863 计划"和"火炬计划"支持高新技术企业的发展。高新技术企业作为知识密集和技术密集的经济实体，相较于其他企业竞争更加激烈，企业应不断创新以获得动态市场的竞争优势，若停止持续创新，高新技术企业在激烈的市场竞争中就面临"出局"的危险。由此可见，高新技术企业的创新动力和能力均高于其他企业，选取高新技术企业作为研究样本具有一定的代表性。根据证监会 2012 版行业分类标准，高新技术行业包括信息传输、软件和信息技术服务业（I），化学原料及化学制品制造业（C26），医药制造业（C27），化学纤维制造业（C28），计算机、通信和其他电子设备制造业（C39），仪器仪表制造业（C40）。本章选取 6 类行业 2015～2017 年的 1269 家高新技术企业为样本，剔除不包含在网络中的公司，删除在统计年间无年报的企业，删选在样本统计期间财务数据不稳定的企业以及主要数据不完整的企业后，最终获取 503 家高新技术企业数据，合计 1509 组观测值。本章所需的自变量和控制变量数据来源于 CSMAR 数据库；调节变量创新注意力数据来源于巨潮资讯网；因变量研发投入数据来源于 CSMAR 数据库，并通过公司年报进行补充。

8.2 变量选择和实证模型

8.2.1 变量选取和测量

（1）因变量。

创新活动有助于提升生产技术、促进企业发展，使企业在激烈的竞争中占据有利的市场地位，足够的研发投入则可以促进更多的创新成果，研发投入是创新绩效的基础。在有关企业创新的研究中，研发投入的衡量指标包括绝对指标和相对指标。绝对指标包括研发支出的金额和人员投入的数量，相对指标包括研发费用强度和研发人员投入强度。采用相对指标，可以避免企业之间研发投入金额差异过大的问题，更具有可比性。因此，本章采用相对指标即研发支出与营业收入的比重来衡量企业研发投入。

（2）自变量。

高管连锁网络数据首先通过 CSNAR 数据库搜集的董监高的任职信息，根据企业的董监高身份唯一 ID 编码，在 Excel 中分年份建立高管与企业的二模矩阵，高管在企业任职标为 1，否则标为 0；其次，使用 UCINET 软件对已构建高管—企业二模矩阵转换为企业—企业的一模矩阵；最后，使用一模矩阵在 UCINET 中计算网络的中心度和结构洞指标。其中，中心度指标有程度中心度（degree）、中介中心度（between）、接近中心度（close），程度中心度表示联结的数量，中介中心度表示联结的控制能力，接近中心度表示公司到其他公司的容易程度；结构洞指数主要包括有效规模、限制度、效率和等级度四个指标，限制度衡量的是企业拥有结构洞的匮乏程度。高管连锁网络指标中程度中心度和限制度应用最为广泛，最终选取程度中心度和限制度分别代表企业的中心度和结构洞指标。

（3）调节变量。

本章使用文本分析法并通过 Python 程序获取企业的创新注意力数据。具体步骤如下。

第一步，确定分析文本。通过巨潮资讯网下载的年报使用 Python 编写程序提取要分析的文本内容，根据证监会关于企业年报披露内容的规定，创新注意力文本来源在 2014 年及之前年份采用"董事会报告"，2015 年则是年度报告中"管理层讨论与分析"这一节内容，2016 年及之后年份均采用年报中"经营情况讨论与分析"的内容（姜付秀等，2017）。

第二步，确定以词作为文本分析的单位，使用 TF – IDF 的值作为创新注意力关键词的量化方式。通过 Python 中的 Jieba 分词模块对提取出的文本资料进行分词（林乐，谢德仁，2017），过滤分词结果中包含的数字、字母代号，计算出所有分词的 TF – IDF 值。其中，TF 表示某个关键词在文本中次数占所有文本次数的比重，IDF 是文本数与出现关键词的文本数比值再取对数，表示创新关键词的分类。借鉴吴美玉（2019）对创新注意力的测量方式，用 TF 与 IDF 的乘积值量化创新关键词，其计算公式如下：

$$\text{TF} - \text{IDF}(a_j, t_i) = \frac{n_{i,j}}{\sum_{i=0}^{n} n_{i,j}} \times \log \frac{N}{N(t_i)} \tag{8-1}$$

第三步，确定创新关键词，建立创新注意力词表。根据分词结果对关键词进行删选，删除常见的连词、叹词、语气词以及年报中的常用词，并通过阅读年报文本，从中初步选取了 430 个与创新有关的词汇，为了保证创新注意力测量的"内容效度"，增强关键词列表的权威以及有效性，对选取的创新相关词建立李克特分析量表，评分标准为 1（非常不同意）到 5（非常同意），并将其交给三位研究方向与创新相关的专家进行打分（赵迎，2014）。选择至少两位专家打分大于等于 4 的关键词作为创新关键词，最终得到 223 个词作为创新关键词，关键词如下：

> 创始，不断创新，创纪录，尖端技术，成熟技术，改革，版权，科技，红外技术，高成长性，创新，不断改进，创立者，开创性，高级人才，改革方案，独创，科技产业，竞争力，高技能，创新奖，不断更新，创领者，开创者，高科技，改进，独家，科技化，科技部，高技术，创新力，产品开发，创设，开发，技术壁垒，改进型，独角兽，科技前沿，科技成果，高水平，创新能力，产品设计，创造，开发计划，技术产业，敢为人先，独具匠心，科技人才，科技进步，高新，创新型，产品升级，创造力，开发技术，技术创新，敢于创新，更新版，科学，科技开发，高新产业，创新性，产学研，创造性，开发进度，技术改造，更新，更新改造，科学分析，科技领

域，高新技术，创新者，互动学习，创造者，开发利用，技术含量，技术革新，更新换代，科学管理，科技推广，高新科技，创研，互相学习，发明，开发人员，技术培训，技术骨干，更新快，科学规范，科技型，高新区，创业，人才队伍，发明奖，开发新，技术升级，技术规程，核心技术，科学合理，科技园区，革新，创业精神，人才交流，发明专利，开发者，技术推广，技术秘密，监测技术，科学化，科技知识，领航，创业投资，人才培养，复用技术，开发资源，技术协作，技术难度，潜心研究，科学技术，科研，领军者，创意，人才资源，国家科技部，开拓，技术型，技术难题，研发，科学家，科研成果，领跑，创意设计，人工智能，国家专利，开拓创新，技术性，技术转让，研究，科学决策，科研开发，领头羊，创智，一流人才，国内首创，开拓市场，技术引进，技术装备，研究会，科学论证，科研课题，领先，创作，专利，合作开发，开拓型，技术支持，教学科研，研制，科学实验，科研人员，领先地位，关键技术，专利产品，华为技术，开拓性，开拓进取，推陈出新，研制成功，科学性，科研项目，领先水平，人机交互，专利发明，前端开发，实用新型，开拓精神，新创，研制开发，科学研究，科研专家，领先者，信息技术，专利技术，前沿技术，市场竞争，开拓者，新格局，研制者，研究部署，联合开发，驱动力，学者，专利权，前沿科学，新型产业，引进技术，新工艺，知识产权，研究成果，脑科学，新颖性，优秀人才，专业知识，前瞻性，学术交流，引进人才，新技能，知识化，软件技术，软件开发，重大突破，作品版权，学习型，勇于创新，高速成长，重大进展，新品，知识型，适用技术，新品种，自主，高科技产品，国家知识产权局，经济技术开发区

第四步，确定每家公司的创新注意力。用 TF – IDF 值之和来代表创新注意力，即每家公司的创新注意力的值为所有创新关键词 TF – IDF 值的和（吴美玉，2019）。

（4）控制变量。

本章研究选取以下变量作为控制变量。

①企业规模。研究发现，规模较小的企业具有较强的求生欲望和更强的创新动力，会提升企业研发投入水平（崔也光，唐玮，2015）。本章用总资产的自然对数衡量企业规模的大小。

②企业年龄。企业年龄不同，发展程度不同，可能导致企业对创新的需求存

在差异。本章用企业成立年份到统计年份的自然对数来衡量企业年龄。

③资产负债率。研究发现资产负债率负向影响研发投入，低负债率的企业偿债压力较小，更倾向增加创新投资（汪晓春，2002）。本章用总负债与总资产比例衡量企业的偿债能力。

④经营能力。企业流动资产周转率越高，企业资产利用率越好，表示经营能力越强，可用于创新的资源会越多。本章用流动资产周转率指标即营业收入占流动资产平均占用额的比例来衡量经营能力。

⑤发展能力。企业的总资产增长率高，表明企业资产扩张速度较快，企业要保持持续发展能力需要更高的研发投入。本章用总资产增长率衡量发展能力。

⑥股权集中度。根据琼斯和丹波特（Jones and Danbolt，2003）的研究发现，企业股权集中度越高，越易阻碍企业 R&D 投入。本章用企业前五大股东持股比例平方和来衡量股权集中度。

综上所述，所有变量的具体指标和测量方式如表 8 - 1 所示。

表 8 - 1　　　　　　　　　　相关变量选取及测量

变量	变量符号	变量测量
研发投入	RD	研发支出/营业收入
中心度	Cen	程度中心度
结构洞	Holes	限制度
创新注意力	IA	创新关键词的 TF - IDF 值之和
公司规模	size	总资产的自然对数
公司年龄	age	从企业成立年份到统计年份的自然对数
资产负债率	debt	总资产/总负债
经营能力	TR	流动资产周转率（营业收入/流动资产平均占用额）
发展能力	GR	总资产增长率
股权集中度	Shrcr	前五大股东持股比例平方和

8.2.2　回归模型

根据理论分析和研究假设，本章的研发投入的实证模型如下。

首先，为检验高管连锁网络与研发投入之间的关系，建立以下模型：

模型 1：
$$RD = \alpha_0 + \sum_{i=1}^{n} \gamma_i \times con_i + \varepsilon \qquad (8-2)$$

模型 2： $$RD = \alpha_0 + \alpha_1 Cen + \sum_{i=1}^{n} \gamma_i \times con_i + \varepsilon \qquad (8-3)$$

模型 3： $$RD = \alpha_0 + \alpha_2 Holes + \sum_{i=1}^{n} \gamma_i \times con_i + \varepsilon \qquad (8-4)$$

其次，为检验创新注意力与研发投入之间的关系，建立模型 4。

模型 4： $$RD = \alpha_0 + \beta_1 IA + \sum_{i=1}^{n} \gamma_i \times con_i + \varepsilon \qquad (8-5)$$

最后，为检验创新注意力在高管连锁网络与研发投入之间的调节作用，建立模型 5 ~ 模型 8。

模型 5： $$RD = \alpha_0 + \alpha_1 Cen + \beta_1 IA + \sum_{i=1}^{n} \gamma_i \times con_i + \varepsilon \qquad (8-6)$$

模型 6： $$RD = \alpha_0 + \alpha_1 Cen + \beta_1 IA + \beta_2 (IA \times Cen) +$$
$$\sum_{i=1}^{n} \gamma_i \times con_i + \varepsilon \qquad (8-7)$$

模型 7： $$RD = \alpha_0 + \alpha_2 Holes + \beta_1 IA + \sum_{i=1}^{n} \gamma_i \times con_i + \varepsilon \qquad (8-8)$$

模型 8： $$RD = \alpha_0 + \alpha_2 Holes + \beta_1 IA + \beta_3 (IA \times Holes)$$
$$+ \sum_{i=1}^{n} \gamma_i \times con_i + \varepsilon \qquad (8-9)$$

公式中，α_0 表示常数项；α_1、α_2 分别表示中心度和结构洞的回归系数；β_1 表示创新注意力的回归系数；β_2、β_3 分别代表创新注意力与高管连锁网络的中心度和结构洞的交互系数；n 表示控制变量的个数；Con_i 表示不同的控制变量，包括 size、age、TR、GR、shrcr；ε 为随机扰动项。

8.3　描述性分析

对研发投入、中心度、结构洞、创新注意力和控制变量进行描述性分析，结果如表 8 - 2 所示。

表 8 - 2　　　　　　　　　　变量描述性统计分析

变量	样本数	最小值	最大值	平均值	标准差
RD	1509	0. 170	36. 47	6. 653	6. 156
Cen	1509	0. 016	0. 327	0. 055	0. 040

变量	样本数	最小值	最大值	平均值	标准差
Holes	1509	0.184	1.389	0.666	0.286
IA	1509	0.007	1.069	0.370	0.155
size	1509	1.692	6.429	3.640	1.013
age	1509	1.386	3.611	2.703	0.350
debt	1509	0.051	0.779	0.348	0.178
TR	1509	0.206	4.146	1.123	0.658
GR	1509	−0.258	3.356	0.294	0.507
Shrcr	1509	19.264	79.422	49.329	13.375

从表8-2中可以看出，研发投入的最大值为36.47，最小值为0.170，均值为6.653，标准差为6.156。数据说明不同高新技术企业研发投入差异明显，出现显著差异的原因可能是企业在网络中所处位置的不同，导致对创新的重视程度不同。比如，处于中心位置的企业，拥有较多联系企业，可以获取更多样化的信息。如彩虹股份企业在网络中拥有较高的中心度，结构洞也比较丰富，企业研发投入较高。

企业中心度变量的最小值为0.016，最大值为0.327，均值为0.055，标准差为0.04，中心度表示高新技术企业有直接联系的企业的数量，有些企业与其他企业之间联系较多，有些企业仅与一家企业有联系，在连锁网络中处于边缘地位。结构洞变量的最小值为0.184，最大值为1.389，均值为0.666，标准差为0.286。结构洞用限制度指标来表示，指标越小说明企业的结构洞越丰富，企业联系的质量越好。高新技术企业中心度和结构洞两个变量代表企业在网络中所处的位置，指标的变动差异化说明企业获取以及控制信息资源的能力水平存在差异。

创新注意力表达了企业高管团队对创新的关注程度，最小值为0.007，最大值为1.069，均值为0.37，标准差为0.155。创新注意力越高，说明企业越重视创新，更愿意在创新方面增加投入，提升企业创新能力。

控制变量中的公司年龄和资产负债率标准差较小，高新技术企业存续年份差异不大，企业的偿债能力良好。股权集中度和公司规模指标标准差较大，说明高新技术企业的股权集中程度和规模存在明显差异。基于各个变量的描述性统计结果，初步了解各指标变量的基本特征，发现不同的企业在研发投入方面存在较大的差异，下一步从高管连锁网络角度出发，结合创新注意力，来分析企业研发投入存在差异的原因。

8.4 相关性分析

描述性统计可以直接反映所有变量的大致分布状况，使用 Pearson 相关系数可以初步验证变量之间的相关关系。本章通过 Stata 软件对变量进行相关分析，分析结果如表 8－3 所示。

表 8－3					Pearson 相关性系数					
	RD	Cen	Holes	IA	size	age	debt	TR	GR	Shrcr
RD	1									
Cen	− 0. 039	1								
Holes	− 0. 047 *	− 0. 597 ***	1							
IA	0. 289 ***	− 0. 034	0. 011	1						
size	− 0. 186 ***	0. 168 ***	− 0. 159 ***	− 0. 131 ***	1					
age	− 0. 188 ***	0. 110 ***	− 0. 082 ***	− 0. 050 *	0. 214 ***	1				
debt	− 0. 206 ***	0. 106 ***	− 0. 106 ***	− 0. 129 ***	0. 469 ***	0. 141 ***	debt			
TR	− 0. 381 ***	0. 130 ***	− 0. 034	− 0. 185 ***	0. 249 ***	0. 107 ***	0. 293 ***	1		
GR	0. 032	− 0. 068 ***	0. 069 ***	− 0. 015	0. 074 ***	− 0. 120 ***	− 0. 037	− 0. 077 ***	1	
shrcr	− 0. 098 ***	0. 091 ***	− 0. 031	− 0. 089 ***	0. 033	− 0. 067 ***	− 0. 120 ***	0. 006	0. 104 ***	1

注：*** 、 *** 、 * 分别表示在1% 、5% 、10% 的置信水平上显著。

从相关分析结果可知，研发投入与创新注意力、企业规模、企业年龄、资产负债率和股权集中度在1% 的显著性水平上存在相关关系，其中创新注意力与研发投入显著正相关，高管团队越关注创新，企业在创新上越可能增加投入。中心度和结构洞之间存在显著相关关系，创新注意力与结构洞在5% 的显著性水平上存在相关关系。控制变量中表示企业经营能力的存货周转率与各变量之间不存在明显的相关关系，表示企业经营能力的总资产增长率与中心度和结构洞之间在5% 显著性水平上具有相关关系。各变量之间的相关系数最大值低于0.9，可以初步认定各变量之间不存在多重共线问题，在具体模型中可以进一步借助容忍度和方差膨胀因子判断变量之间的共线性。

8.5 OLS 回归结果分析

8.5.1 高管连锁网络与研发投入的回归分析

探究高新技术企业高管连锁网络与研发投入之间的关系，根据构建的分层模型 1～模型 8，采用 OLS（正交最小二乘）回归方法分析变量间的关系。

8.5.1.1 中心度与研发投入

使用 Stata 软件对模型 1 和模型 2 分别进行回归运算（见表 8-4），并对回归模型进行多重共线性检验，具体结果见表 8-5。

表 8-4　　　　　中心度、结构洞与研发投入回归模型结果

	模型 1	模型 2	模型 3
Cen		7.285 ** -3.281	
Holes			-1.947 *** -0.509
size	-0.163 -0.145	-0.198 -0.147	-0.239 -0.146
age	-2.486 *** -0.449	-2.543 *** -0.449	-2.554 *** -0.449
debt	-3.121 *** -1.035	-3.161 *** -1.033	-3.259 *** -1.027
TR	-3.107 *** -0.229	-3.142 *** -0.230	-3.086 *** -0.226
GR	0.001 -0.399	0.042 -0.399	0.088 -0.397
Shrcr	-0.053 *** -0.011	-0.056 *** -0.011	-0.055 *** -0.011
C	21.170 *** -1.537	21.202 *** -1.536	23.015 *** -1.64
R^2	0.188	0.190	0.196
AdjustedR^2	0.185	0.184	0.192
F	51.41 ***	44.65 ***	45.83 ***

注：***、***、* 分别表示在 1%、5%、10% 的置信水平上显著，括号内是回归系数标准差。

表 8 - 5 模型 1 ~ 模型 3 的多重共线性检验

	模型 1		模型 2		模型 3	
	VIF	容差	VIF	容差	VIF	容差
Cen			1. 06	0. 945		
Holes					1. 04	0. 964
size	1. 38	0. 725	1. 39	0. 717	1. 4	0. 715
age	1. 08	0. 93	1. 08	0. 925	1. 08	0. 928
debt	1. 38	0. 727	1. 38	0. 726	1. 38	0. 725
TR	1. 12	0. 889	1. 13	0. 884	1. 13	0. 889
GR	1. 05	0. 957	1. 05	0. 952	1. 05	0. 951
Shrcr	1. 04	0. 962	1. 05	0. 952	1. 04	0. 961

模型 1 是检验各控制变量与研发投入之间的关系，模型 R^2 为 0. 188，F 统计值为 51. 41。从回归结果来看，企业年龄、资产负债率、经营能力和股权集中度与研发投入负相关，且在 1% 的水平上显著，这些因素不利于企业增加研发投入。而企业规模、发展能力与研发投入不存在显著的相关关系。

模型 2 的回归分析加入中心度，结果显示，模型 R^2 为 0. 190，F 统计量为 44. 65，且在 1% 的水平上显著，模型中网络位置中心度的指标系数为 7. 285，且在 5% 的水平上显著，说明中心度与研发投入存在显著的正相关关系，支持了假设 1。高中心度的企业拥有众多联系渠道，可以多方面获取信息资源。中心度较低的企业处于整个网络的边缘位置，获取信息的渠道比较单一，无法快速有效获取资源，在面临多变的市场环境时，很难抓住机遇、提升企业创新能力。处于网络中心位置的企业可以利用自身位置优势得到异质性资源，更快识别市场中的创新机会，这就为企业创新提供了资源基础，将促使企业增加创新投资。

模型 1 与模型 2 结果都显示，控制变量中企业年龄、资产负债率、经营能力、股权集中度与研发投入存在显著负相关关系，而其他两个控制变量中企业发展能力与研发投入正相关，公司规模与研发投入负相关，但回归结果均不显著。

表 8 - 6 是各变量的多重共线性检验结果。容差表示变量作为因变量对其他变量进行回归而得到的残差值，最大值为 1，容差指标的值越小，共线性越严重，容差值小于 0.1 时就说明变量间存在严重的共线问题。VIF 表示方差膨胀因子，一般认定 VIF 取值小于 10，变量之间不存在严重的共线问题。本书利用 Stata 软件得到变量之间的容差和 VIF，如表 8 - 6 所示。从表 8 - 6 可知，所有变量的容差在 0. 717 ~ 0. 962，VIF 均在 1. 05 ~ 1. 39，因此各变量之间不存在多重共线

性问题。

8.5.1.2 结构洞与研发投入

模型3是讨论结构洞对研发投入的影响，具体的回归结果和共线性检验见表 8－5。模型3回归结果的 R^2 为0.196，F统计值为45.83。结构洞用的是限制度指数，限制度表示企业结构洞的贫乏程度，指标越小说明企业的结构洞越丰富。结构洞与研发投入的相关系数为－1.947，且在1%的水平上显著相关，说明限制度与研发投入存在显著负相关关系，企业的限制度越大，结构洞越贫乏，越不利于企业研发投入的增加。企业可以通过结构洞得到高质量的信息，结构洞越丰富，获取的创新资源越多，可以降低创新的不确定性，促进企业创新（严若森，钱晶晶，2016）。因此，假设2得到验证，结构洞越丰富越有利于企业增加研发投入。从VIF值和容差分析数据来看，模型3的各变量之间不存在多重共线性问题。

8.5.2 创新注意力与研发投入的回归分析

创新注意力表示企业管理者对于创新的重视程度，模型4对创新注意力与研发投入之间的关系进行回归分析，分析结果见表 8－6，模型4的 R^2 为0.228，F统计量为49.20，创新注意力与研发投入之间的相关系数为8.211，且在1%的水平上显著相关，表明创新注意力对于研发投入有显著正向影响，支持了假设3。企业越重视创新，越倾向于增加创新投资。结合容差和VIF值对各变量进行多重共线性的判断，模型4的容差最小值为0.724，VIF最大值为1.38，可见，模型4的各变量不存在多重共线性问题。

表 8－6　　　　　　　　创新注意力与研发投入的回归结果

	模型4	VIF	容差
IA	8.211 *** (1.066)	1.06	0.947
size	－0.098 (0.141)	1.38	0.724
age	－2.408 *** (0.433)	1.08	0.929

	模型4	VIF	容差
debt	-2.620^{***} (1.005)	1.38	0.724
TR	-2.818^{***} (0.238)	1.15	0.871
GR	-0.046 (0.393)	1.05	0.956
Shrcr	-0.044^{***} (0.011)	1.05	0.954
C	16.734^{***} (1.471)		
R^2	0.228		
Adjusted R^2	0.225		
F	49.20^{***}		

注：***、***、*分别表示在1%、5%、10%的置信水平上显著，括号内是回归系数标准差。

8.5.3 创新注意力调节作用的回归分析

判断变量是否存在调节作用要先对变量进行中心化，并将自变量和调节变量相乘得到交互性系数，再代入模型中进行回归分析，判断调节作用是否显著存在。

8.5.3.1 创新注意力对中心度和研发投入的调节

表8-7中模型5和模型6在模型2的基础上分别增加了创新注意力、创新注意力与中心度的交互项，旨在验证创新注意力是否在高管连锁网络的中心度与研发投入之间存在调节作用。

表8-7 中心度、创新注意力、交互作用与研发投入之间的回归分析

	模型5	模型6
Cen	6.906^{***} (3.221)	6.206^{*} (3.266)
IA	8.190^{***} (1.008)	8.088^{***} (1.007)

续表

	模型 5	模型 6
cen × ia		− 0. 372 **
		(0. 156)
size	− 0. 132	− 0. 115
	(0. 142)	(0. 142)
age	− 2. 462 ***	− 2. 415 ***
	(0. 133)	(0. 432)
debt	− 2. 660 ***	− 2. 564 ***
	(1. 003)	(1. 004)
TR	− 2. 851 ***	− 2. 872 ***
	(0. 239)	(0. 240)
GR	0. 085	0. 093
	(0. 393)	(0. 393)
Shrcr	− 0. 047 ***	− 0. 047 ***
	(0. 011)	(0. 011)
C	16. 776 ***	16. 651 ***
	(1. 471)	(1. 464)
R^2	0. 23	0. 233
Adjusted R^2	0. 226	0. 228
F	43. 98 ***	39. 43 ***

注：*** 、*** 、* 分别表示在 1% 、5% 、10% 的置信水平上显著，括号内是回归系数标准差。

相比模型 2，模型 5 加入了创新注意力，但未考虑创新注意力与中心度的交互作用。通过模型 5 可以看出，中心度和创新注意力对研发投入的系数均为正，且通过了 1% 的显著性检验。中心度高的企业更易于获取所需的信息资源，降低创新面临的市场风险，高管团队注意力越集中在创新上，越可能识别外部创新机会，越迅速进行创新活动。中心度和创新注意力均正面影响研发投入，积极促进企业创新。

模型 6 加入了创新注意力与中心度的交互项，对比模型 5，模型 6 的 R^2 更高，拟合能力更好。创新注意力、网络中心度以及创新注意力与中心度的交互项的系数均显著，表明创新注意力在网络中心度和研发投入之间存在调节作用。在加入交互项系数后，中心度的显著性系数由 6. 906 降低至 6. 206，创新注意力相关系数由 8. 190 降低至 8. 088，创新注意力与中心度的交互性系数为负（−0. 3718），表明创新注意力负向调节中心度与研发投入之间的关系。在网络中占据中心位置会使企业获取大量信息，这些信息不全是企业所需的异质性资源（郑方，2011），而管理层的创新关注度毕竟有限，越关注创新的高管，越容易因各种复杂因素产生紧迫危机感，因高管在不同公司兼职，决策者无法同时考虑到不同任职企业的创新问题，难免会降低信息处理效率；同时由于企业存在代理问题，高管团队虽然创新注意力较高，但团队成员可能由于自身背景经验对于创新方向的认知不同，将会导致高管团队在面对复杂问题时产生分歧和冲突（Bantel K A and Jackson S E，2010），创新战略决策难以达成共识；再者因创新的高风险性和不确定性，管理层虽然高度关注创新但仍会存在短视行为，选择不利于企业长期发展的决策（Dalziel T，Gentry R G，Michael Bowerman M，2011）。总之，高中心度的企业通过高管连锁网络会获取大量信息，但海量信息会影响管理者注意力配置，高创新注意力会加剧决策的分歧和冲突，降低企业创新决策效率，不利于增加研发投入。

表 8 - 8 是对模型 5 和模型 6 的多重共线性检验的结果。两个模型容差值在 0.7 ~ 1，VIF 在 1 ~ 2 范围内，表示各变量间没有多重共线性问题。

表 8 - 8　　　　　　　　　　模型 5 和模型 6 的多重共线性检验

	模型 5		模型 6	
	VIF	容差	VIF	容差
Cen	1.06	0.944	1.07	0.938
IA	1.06	0.947	1.06	0.945
cen × ia			1.02	0.981
size	1.4	0.715	1.4	0.714
age	1.08	0.925	1.08	0.923
debt	1.38	0.723	1.38	0.722
TR	1.16	0.866	1.16	0.864
GR	1.05	0.951	1.05	0.951
Shrcr	1.06	0.944	1.06	0.944

8.5.3.2　创新注意力对结构洞和研发投入的调节

研究创新注意力对于结构洞和研发投入之间关系的调节作用，要考虑结构洞、创新注意力以及结构洞、创新注意力和交互项对研发的影响。表 8 - 9 是结构洞、创新注意力及它们的交互作用与研发投入关系的回归分析结果。模型 7 分析结构洞、创新注意力对研发投入的影响，模型 8 中加入创新注意力和结构洞的交互项系数。根据模型7的分析结果，结构洞的限制度指标对研发投入有负向的抑制作用，创新注意力对研发投入存在积极的促进作用，该结论与模型4一致，即丰富的结构洞和高度的创新注意力有利于企业增加研发投入。根据模型8，结构洞与创新注意力的交互项的系数为0.434，但是与研发投入不存在显著性的相关关系，因此创新注意力对结构洞和研发投入之间的调节作用不明显，假设5未得到验证。

表8-9　　　结构洞、创新注意力、交互作用与研发投入之间的回归分析

	模型7	模型8
Holes	-1.892***	-1.894***
	(0.494)	(0.493)
IA	8.165***	8.159***
	(1.002)	(1.005)
holes × ia		0.434
		(0.154)
size	-0.173	-0.172
	(0.141)	(0.141)
age	-2.474***	-2.473***
	(0.433)	(0.433)
debt	-2.757***	-2.753***
	(0.999)	(0.999)
TR	-2.799***	-2.800***
	(0.234)	(0.235)
GR	0.130	0.014
	(0.391)	(0.390)
Shrcr	-0.046***	-0.046***
	(0.011)	(0.011)
C	18.550***	18.548***
	(1.576)	(1.578)
R^2	0.236	0.236
Adjusted R^2	0.232	0.231
F	45.03***	40.04***

注：***、***、*分别表示在1%、5%、10%的置信水平上显著，括号内是回归系数标准差。

表8-10对模型7和模型8的多重共线性检验的结果。两个模型容差值在0.7~1，VIF在1~2范围内，表示各变量间没有多重共线性问题。

表 8-10   模型 7 和模型 8 的多重共线性检验

	模型 7		模型 8	
	VIF	容差	VIF	容差
Holes	1.04	0.964	1.04	0.963
IA	1.06	0.947	1.06	0.946
holes × ia	—	—	1	0.996
size	1.4	0.713	1.4	0.713
age	1.08	0.928	1.08	0.928
debt	1.38	0.723	1.38	0.723
TR	1.15	0.87	1.15	0.87
GR	1.05	0.95	1.05	0.949
Shrcr	1.05	0.952	1.05	0.952

8.6　WLS 回归结果分析

8.6.1　异方差检验

本书采用怀特（white）检验对 OLS 回归模型进行异方差检验，结果如表 8-11 所示，检验结果显示模型 2~模型 8 存在一定的异方差现象。

表 8-11   white 检验结果

	模型 2	模型 3	模型 4	模型 5	模型 6	模型 7	模型 8
white	170.64***	175.61***	187.67***	198.04***	208.54***	195.16***	203.41***

注：***、***、*分别表示在 1%、5%、10% 的置信水平上显著。

8.6.2　WLS 回归结果

借鉴严若森等（2016）的实证方法，以残差绝对值的倒数（$1/|e|$）为权重，使用加权最小二乘法（WLS）对回归模型 2~模型 8 进行异方差修正，使模型结果更符合实际，结果如表 8-12 所示。

表 8 – 12　　　　　　　　　　模型 WLS 回归结果

	模型 2	模型 3	模型 4	模型 5	模型 6	模型 7	模型 8
Cen	7. 02 **			6. 88 **	5. 35 *		
Holes		– 1. 40 ***				– 1. 52 ***	– 1. 34 ***
IA			5. 44 ***	5. 49 ***	5. 67 ***	5. 92 ***	5. 70 ***
cen × ia					– 0. 35 ***		
holes × ia							0. 12
size	– 0. 20 *	– 0. 28 **	– 0. 18	– 0. 21 *	– 0. 22 *	– 0. 28 **	– 0. 31 **
age	– 1. 99 ***	– 1. 99 ***	– 1. 67 ***	– 1. 71 ***	– 1. 65 ***	– 1. 71 ***	– 1. 66 ***
debt	– 2. 48 ***	– 2. 24 ***	– 1. 65 **	– 1. 68 **	– 1. 63 **	– 1. 43 *	– 1. 35 *
TR	– 1. 92 ***	– 1. 89 ***	– 1. 65 ***	– 1. 74 ***	– 1. 74 ***	– 1. 72 ***	– 1. 71 ***
GR	0. 17	0. 14	0. 17	0. 20	0. 20	0. 17	0. 17
Shrcr	– 0. 03 ***	– 0. 03 ***	– 0. 02 **	– 0. 02 ***	– 0. 02 ***	– 0. 02 **	– 0. 02 **
C	16. 68 ***	17. 90 ***	12. 75 ***	12. 91 ***	12. 90 ***	14. 13 ***	14. 01 ***
R^2	0. 224	0. 229	0. 215	0. 214	0. 221	0. 224	0. 230
Adjusted R^2	0. 221	0. 225	0. 211	0. 209	0. 217	0. 220	0. 226
F	62. 00 ***	63. 57 ***	58. 74 ***	50. 90 ***	47. 34 ***	54. 24 ***	49. 82 ***
样本数	1509	1509	1509	1509	1509	1509	1509

注：***、***、* 分别表示在 1%、5%、10% 的置信水平上显著。

WLS 回归检验结果显示：（1）变量中心度和结构洞均与企业研发投入显著相关，中心度（Cen = 7. 02，P < 0. 05）正向促进企业研发投入，结构洞的限制度（Holes = – 1. 40，P < 0. 01）负向影响研发投入。表明高中心度和结构洞丰富的企业更倾向于增加研发投入，假设 H1 与假设 H2 再次得到验证。（2）创新注意力对企业研发投入（IA = 5. 44，P < 0. 01）显著正相关，企业的创新注意力越高，研发投入越多，假设 H3 再次通过验证。（3）在创新注意力的调节作用中，中心度与创新注意力的交互项系数（cen × ia = – 0. 35，P < 0. 01）与 OLS 回归结果相比显著性明显提高，验证了假设 H4，但创新注意力调节结构洞与企业研发投入的交互项系数（holes × ia = – 0. 12）不显著，基于 OLS 回归结果和 WLS 回归结果，假设 H5 均没有通过检验，创新注意力对于结构洞和企业研发投入之间的调节作用不显著。

8.7 稳健性检验

研究表明，企业研发投入存在滞后性，上一年度的财务状况会对当期研发投入产生影响（解维敏，魏化倩，2016）。有学者选择以滞后一期的研发支出金额与滞后一期的营业收入的比例（即滞后一期研发支出金额/滞后一期营业收入）衡量研发投入水平（王菁，2019）。为验证结论是否稳健，本章从变量出发选择研发投入的替代指标进行稳健性检验，以企业滞后一期的研发支出金额占营业收入的比例作为研发投入的替代变量进行回归分析，将主要模型 2～模型 8 重新回归，回归结果详见表 8－13。

表 8－13 　　　　　　　　研发投入替代指标的回归结果

	模型 2	模型 3	模型 4	模型 5	模型 6	模型 7	模型 8
Cen	6. 3767 *			5. 97 *	24. 22 **		
Holes		－ 1. 87 ***				－ 1. 81 ***	－ 1. 60
IA			8. 89 ***	8. 88 ***	11. 58 ***	8. 85 ***	9. 23 ***
cen × ia					－ 50. 93 ***		
holes × ia							－ 0. 57
size	－ 0. 05	－ 0. 10	0. 05	0. 02	0. 33	－ 0. 02	－ 0. 02
age	－ 2. 34 ***	－ 2. 36 ***	－ 2. 21 ***	－ 2. 26 ***	－ 2. 22 ***	－ 2. 27 ***	－ 2. 27 ***
debt	－ 3. 85 ***	－ 3. 95 ***	－ 3. 27 ***	－ 3. 31 ***	－ 3. 23 ***	－ 3. 40 ***	－ 3. 41 ***
TR	－ 3. 05 ***	－ 3. 00 ***	－ 2. 70 ***	－ 2. 73 ***	－ 2. 75 ***	－ 2. 68 ***	－ 2. 68 ***
GR	0. 28	0. 33	0. 29	0. 33	0. 34	0. 38	0. 37
Shrcr	－ 0. 05 ***	－ 0. 05 ***	－ 0. 04 ***	－ 0. 04 ***	－ 0. 04 ***	－ 0. 04 ***	－ 0. 04 ***
C	20. 035	21. 780	15. 203	15. 239	14. 101	16. 940	16. 802
R^2	0. 174	0. 180	0. 219	0. 221	0. 223	0. 226	0. 226
F	43. 82 ***	63. 57 ***	58. 74 ***	44. 36 ***	39. 60 ***	45. 35 ***	40. 53 ***
样本数	1509	1509	1509	1509	1509	1509	1509

注：*** 、*** 、* 分别表示在 1% 、5% 、10% 的置信水平上显著。

回归结果显示：（1）模型 2 重新回归后高管连锁董事网络的中心度显著正相关，中心度越高，研发投入越多；（2）模型 3 重新回归后结构洞限制度指标与研发投入显著负相关，表明结构洞越丰富，企业研发投入越多；（3）模型 4 重新回归后创新注意力正向影响研发投入；（4）模型 5 和模型 6 重新回归后创新注意力对中心度和对研发投入的调节效应仍然为负向，创新注意力负向调节中心度与研发投入的关系；（5）模型 7 和模型 8 重新回归后，创新注意力对结构洞和研发投入的调节作用仍不显著。

综上分析，选用替代指标进行检验后，回归分析结论与前文基本一致，表明研究结论具有较好的稳健性。

8.8　研究结论

本章的实证研究使用 Stata 软件采用回归方法来分析高新技术企业高管连锁网络特征与研发投入之间的关系，以及探究创新注意力在自变量与因变量间是否存在调节作用。研究样本是 2015～2017 年高新技术企业的公司，回归分析第一步先对中心度、结构洞、研发投入、创新注意力以及 6 个控制变量进行描述性统计和相关 Pearson 系数分析；第二步，分别将各控制变量、自变量、调节变量代入回归模型，采用 OLS 回归方法验证与研发投入的相关关系以及创新注意力是否对高管网络和研发关系具有调节作用，并同时进行共线性检验；第三步，对模型进行异方差检验并采用 WLS 对回归模型进行修正，重新分析各变量对研发投入的影响效应；第四步，选择研发投入的替代指标进行稳健性检验。基于 OLS 和WLS 的回归分析，总结高新技术企业高管连锁网络、创新注意力以及研发投入之间的假设检验结果，如表 8 - 14 所示。

表 8 - 14　　　　　　　　　　　假设检验结果

假设	假设内容	结果
假设 1	中心度正向影响研发投入	是
假设 2	结构洞越丰富，越有利于增加研发投入	是
假设 3	创新注意力对企业研发投入具有促进作用	是
假设 4	创新注意力正向调节中心度与研发投入之间的关系	否
假设 5	创新注意力正向调节结构洞与研发投入之间的关系	否

根据以上假设检验结果，可得到以下研究结论。

（1）高管连锁网络中心度对企业研发投入有积极的促进作用。中心度高的企业是高管连锁网络的链接枢纽，企业可以通过网络迅速高效获取资源、了解市场需求，获得市场先机，更快识别创新机会，降低创新不确定性。高科技企业创新的需求和创新动力较高，位于网络中心位置的企业会积极主动利用网络资源，提升企业研发投入。

（2）结构洞越丰富越有利于企业增加研发投入。具有丰富结构洞的企业，在网络中占据优势位置，获得高质量的异质性资源，在市场中占据有利竞争位置。企业通过结构洞可以缩短信息传递的路径、加速信息的流动，控制信息流为其服务，从而提升资源利用效率，有利于降低创新风险，促进企业创新。

（3）创新注意力对企业研发投入具有积极促进作用。创新注意力代表高管团队对于创新的关注程度，创新注意力较高的企业，在高速变化的动态环境中可以更敏锐地捕捉政策环境和市场环境变化，继而通过合理分配创新注意力实现想法和行动的统一，进行高效的创新决策，更好地整合创新资源、优化组合创新方案、提高研发投入。

（4）创新注意力对网络中心度与企业研发投入间的关系存在调节作用。创新注意力负向调节中心度与研发投入之间的关系，高中心度的企业通过高管连锁网络会获取大量信息，海量信息会影响管理者注意力配置，具有高度创新注意力的高管团队，在面对多样化信息时易产生紧迫感，在处理不同企业的复杂问题时可能产生分歧和冲突，导致创新战略决策难以达成共识，因此，降低信息处理和创新决策的效率，不利于企业提高研发投入以促进企业长期发展。

8.9 研究启示

本章的研究结论对于高新技术企业提升创新水平以及政府部门引导企业创新均具有一定的指导意义。

（1）政府相关部门应引导高科技企业积极加入企业间连锁网络，鼓励支持企业通过连锁网络开展长期的共赢合作，为企业创新搭建有效交流平台，营造出良好的创新网络环境。通过资金补贴或者税收减免等政策不断增强和激发企业的创新潜力和动力，重点关注和培育领军企业，发挥领军企业在资金和人才等方面的优势，并带领其他企业进行创新活动，优化企业间整体网络结构，形成创新良性循环，提高整个高新技术企业的创新能力和研发投入水平，积极推动创新驱动发展战略的有效实施。

（2）对于企业而言，应当重视企业间高管连锁网络关系的构建，网络核心位置的企业应积极加强联系保持自身地位，非核心位置的企业不断向中心位置靠拢以获取资源优势。企业应积极加入网络增强企业间联系，不断占据网络优势地位，通过中心度和结构洞的有利位置获取有效创新资源。企业应根据具体情境优化管理层结构，增强企业利用和发挥网络优势的能力，以此获取创新资源和有效信息，同时企业管理层保持企业对于创新的关注度，充分发挥主观能动性利用网络中获取的优质资源，关注创新问题并识别创新机会，提升创新水平。通过增加外部联系和实施内部有效治理的双重措施，降低创新决策风险，促使企业创新资源进行有效科学配置，加强研发投入力度，保障企业拥有持续发展的创新能力。另外，企业应对管理层注意力进行控制和监督，关注高管连锁网络中心度与创新注意力两种内外资源的双重效应下产生的企业创新问题，谨防中心度与创新注意力"双高"加剧创新决策的分歧和冲突，恶化企业代理问题，导致企业决策效率低下。

第9章 基于 QCA 的企业研发投入
影响路径研究

第8章回归研究发现，中心度、结构洞以及创新注意力是企业增加研发投入的充分性条件，但尚未解答影响研发投入的因素中哪些因素是重要的核心条件，哪些因素属于辅助条件以及企业高研发投入的多重并发因素和因果复杂机制如何。因此，本章将结合回归结果，采用模糊集定性比较方法综合分析企业内外部因素对高新技术企业高研发投入的路径组合情况。

在经济新常态下，创新是经济稳定增长的重要驱动力，也是企业占领市场主导地位的重要手段。研发投入则是公司进行技术创新的第一步，由于企业的研发创新活动存在技术风险、市场风险及同行模仿风险，尽管技术研发投入有利于企业取得竞争优势并最终取得长期发展，但企业仍可能因高风险而忽视该项决策。目前，国家鼓励支持创新产业发展并取得一定的成效，但我国企业创新水平与世界平均水平相比，还有待进一步提高（Lin，Z J，Liu S，Sun F，2017）。因此，在经济转型时期，研究企业高研发投入的路径对激励企业持续开展创新活动具有重要战略意义。

有关企业研发投入的已有研究存在局限性。第一，在研发投入的影响因素方面，现有文献集中探索单因素的作用，忽视多因素的联合作用。创新决策是具有高度因果复杂性的问题，通过传统的回归分析探索单个因素的影响效应，或者变量的调节效应无法完全解释创新问题。同时现有研究未曾回答不同因素对于研发投入影响作用高低的问题以及不同因素之间是否存在互补或替代作用的问题。不同因素对研发投入的影响效果不同，而且不同因素可能导致替代作用，产生"1 + 1 < 2"的结果，也可能会存在互补作用，即"1 + 1 > 2"的效果。第二，在研究角度上，少有学者从创新决策者角度出发，结合外部环境和企业内部环境进行研究。企业高管团队是企业决策主导者，基于高阶梯队理论，企业的创新活动能否成功很大程度上取决于高管团队的态度，有研究发现企业内部高管特征（Kuo H C，Wang L H，Yeh L J，2018）和外部高管连锁网络（Balsmeier B，Buchwald A，Stiebale J，2014）均可对企业创新决策产生影响。

模糊集定性比较方法是定性和定量结合的研究管理问题的新方法（杜运周，贾良定，2017），在近年来得到越来越多学者的认同，该方法在探究因果复杂性问题方面具有一定的优势，通过探究条件变量的组合情况对结果变量的影响，分析多因果复杂性问题，可以作为传统回归分析方法的有力补充（陶秋燕，李锐，王永贵，2016）。使用模糊集定性比较分析方法研究企业内外部因素对于高新技术企业研发投入的复杂因果关系，与回归分析方法结合有助于研究多种因素的联合作用。

结合以上分析，本章基于企业研发投入的文献梳理和高阶梯队理论，从高管团队角度出发，研究企业高研发投入影响因素和作用路径。借此揭示高新技术企业研发投入的推动因素和支撑力量，并为企业进行高研发投入提供互补或替代条件的参考方案。

9.1　研究设计

9.1.1　样本选择

本章选取 6 类行业 2015～2017 年的 1269 家高新技术企业为样本，共计 3807 组观测值；回归分析部分删除不符合要求的数据后还有 1509 组观测值；在回归数据的基础上继续删选高管团队相关数据不完整的企业后，最终获取 169 家高新技术企业 3 年的数据，合计 507 组观测值。本章的条件变量创新注意力来源于巨潮资讯网，其他条件变量来源于 CSMAR 数据库，结果变量研发投入数据来源于 CSMAR 数据库，并通过公司年报进行补充。

9.1.2　变量选取

通过文献梳理发现国内外关于研发投入影响因素的研究可分为企业内部因素和外部环境因素。根据高阶梯队理论，高层管理团队是企业各项活动的决策主体，高管对企业的战略选择、创新活动具有重要影响力。因此，有必要从高管团队视角出发，研究企业内外部因素对于研发投入的影响效应。

9.1.2.1 企业内部因素

影响企业研发投入的内部因素包括组织层面特征和高管特征。本章基于高管视角选择相关变量，根据上述回归分析，高管创新注意力对企业创新决策具有重要影响。

高管异质性包括学历异质性、任期异质性、年龄异质性、职业背景异质性等，其中，高管学历异质性表示高管团队教育背景的差异程度。关于学历异质性对于企业创新的影响存在不同结论。一方面，学历异质性对创新具有积极影响。学历异质性可提供多层次解决问题的方案，扩展企业视角，识别新机会，增强企业创新动力。苏丹（2011）研究表明，高管团队教育程度的差异化有助于企业变革。马富萍和郭小川（2010）研究表明，学历异质性正向影响企业技术创新绩效。另一方面，学历异质性对创新产生消极影响。学历背景差异较大会增强冲突、增加团队沟通交流成本、妨碍企业发展。郭葆春和刘艳（2015）研究发现，学历异质性对企业研发投入强度有负向抑制作用。因此，学历异质性是高管异质性研究中的重要代表，本章研究用高管学历异质性来测量高管异质性。

组织集权度表示团队决策权的集中程度，对于集权度和企业创新之间的关系存在不同观点。有的学者认为集权使得组织内部的沟通渠道变窄，抑制了信息产生的来源和信息流动的自由，降低了组织成员参与创新活动的积极性，因而不利于组织创新（Jansen，J J P，Van den Bosch F A J，Volberda H. W，2006）。另外，有学者认为集权可以促进信息处理的效率，增强高层经理人展开创新活动的责任心与使命感，同时赋予他们足够的权限来整合组织内部资源以迎接外部市场机遇的挑战，并引进新技术促进组织创新（Bunderson J S and Reagans R E，2011）。

9.1.2.2 企业外部环境因素

影响企业研发投入的外部环境因素包括政府政策、外资引入、市场环境以及企业的外部关系等方面，其中，基于高管的视角，企业外部环境主要表现为高管连锁网络关系，根据回归分析，此处考虑高管连锁网络的中心度和结构洞。

竞争强度可以衡量企业所处的行业环境竞争情况。在竞争激烈的环境中，企业要占据主导地位需要不断创新满足市场需求。波特（Porter，1985）认为，企业面临激烈的竞争环境时，应该通过加强创新、提升产品或者服务的特殊性、降低产品可替代性、满足客户需求的多样化来提升绩效。石光（2012）对工业制造业的研究发现，竞争程度与企业创新存在倒"U"型关系，适度竞争更能够促进企业开展创新活动。

综上，本章选择的企业内部因素包括创新注意力、高管异质性和组织集权度，企业外部环境因素包括高管连锁网络的中心度、结构洞以及行业竞争程度。

9.1.3　变量测量

针对以上分析，相关变量的选取和测量方式如下所述。

9.1.3.1　结果变量

本章以研发支出金额与营业收入金额的比重来衡量企业研发投入。

9.1.3.2　条件变量

根据解释变量性质可分为企业内部因素和企业外部因素。企业内部因素包括高管异质性特征和组织集权度，企业外部因素包括高管连锁网络的结构特征和行业竞争强度。

（1）高管异质性。高管异质性表现为多个方面，其中高管学历异质性对企业创新决策具有重要影响。先对高管的学历进行分类编码，本章的分类编码如下：将高管团队成员的学历分为中专及以下、大专、本科、硕士、博士五种类别，其中，1 表示中专及以下，2 表示大专，3 表示本科，4 表示硕士，5 表示博士。然后用布劳指数（Blau P M，1977）衡量学历的异质性，即：

$$H = 1 - \sum_{i=1}^{n} P_i^2 \tag{9-1}$$

其中，i 表示类别，n 表示类别的数量，P_i 表示编号为 i 的高管在高管团队中所占的比重。布劳指数的取值范围是 0，1，H 值越接近 1，表示学历的异质性越高。

（2）组织集权度。组织集权度是衡量企业决策权集中程度的指标，本章借鉴刘华（2002）构建的指标来测量高科技企业的组织集权度。具体如下：

$$PI = Ln(权力跨度 \times 薪酬差距) \tag{9-2}$$

$$权力跨度 = 员工人数/管理层人数$$

$$薪酬差距 = 管理层薪酬前三的总额/管理层薪酬总额$$

（3）创新注意力。本章使用文本分析法并通过 Python 程序获取企业的创新注意力数据，使用 TF – IDF 值之和来代表创新注意力。

（4）高管连锁网络。选取程度中心度和限制度分别代表高管连锁网络的中心度和结构洞指标。

（5）竞争强度。竞争强度衡量的是企业所在行业的竞争激烈程度，本章借鉴解维敏等（2016）对竞争强度的测量方式，用赫芬达尔指数（Herfindahl-Index）来衡量行业竞争强度。

$$HHI = \sum_{i=1}^{n} \left(\frac{xi}{X} \right)^2 \tag{9-3}$$

其中，n 为企业的数量，xi 表示企业的营业收入，X 表示 xi 所在行业的营业收入总额。该数值越大反映市场内企业的营业收入差异越大，行业的集中度越高，竞争强度越小。

在模糊集定性分析中，从创新决策者角度出发，研究企业外部因素（高管连锁网络、市场竞争强度），结合企业内部高管特征（创新注意力、高管异质性、组织集权度）分析企业高研发投入的路径组合，相关变量选取及测量见表 9 – 1，分析框架如图 9 – 1 所示。

表 9 – 1 相关变量选取及测量

结果变量		变量	变量符号	变量测量
		研发投入	RD	研发支出/营业收入
条件变量	外部因素	中心度	Cen	程度中心度
		结构洞	Holes	限制度
		竞争强度	CI	赫芬达尔指数，详见式（9 – 3）
	内部因素	创新注意力	IA	创新关键词的 TF – IDF 值之和
		高管异质性	Hdeg	布劳指数，详见式（9 – 1）
		组织集权度	PI	详见式（9 – 2）

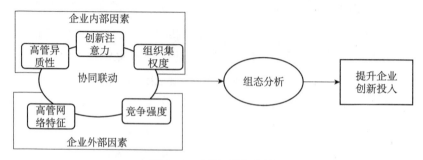

图 9 – 1 QCA 组态分析

9.2　描述性分析

这部分研究的样本来自 6 个不同行业的高新技术企业，从表 9 - 2 可以看到，所选取的各行业统计样本的数量占行业总样本的比值比较接近，其目的是尽可能降低行业差异带来的影响。

表 9 - 2   样本行业统计情况

行业分类	统计样本	总样本	比值（%）
化学原料及化学制品制造业（C26）	93	259	11.97
医药制造业（C27）	96	237	13.5
化学纤维制造业（C28）	12	78	15.38
计算机、通信和其他电子设备制造业（C39）	141	1170	12.05
仪器仪表制造业（C40）	24	144	16.67
软件和信息技术服务业（I）	141	927	15.21
合计	507	3807	13.32

根据表 9 - 3 分析可知，在 7 个主要变量中，企业的 RD 差距最大，研发投入最小值为 0.06，最大值为 37.8，不同企业研发投入相差较大，处于不同行业的高新技术企业研发投入存在差异，软件和信息技术服务业的研发投入水平普遍高于化学原料及化学制品制造业。企业的外部因素中，行业竞争强度标准差为 0.1035，学历异质性标准差为 0.0978，企业的网络结构数据中心度最小值为 0.016，最大值为 0.1820，标准差为 0.0316，总体相差不大，相对而言，结构洞指数差异较大，最小值为 0.228，最大值为 1.235，标准差为 0.2856，这表明高新技术企业在高管连锁网络中，接收到的信息数量可能相差不大，但是企业接收到的信息质量以及可控制的资源存在显著的差异。企业的组织集权度标准差较大，最小值为 1.42299，最大值为 7.0135，标准差为 1.0431，说明企业之间权力配置区别较大，决策权的集中程度存在较大差异。

表 9 - 3   主要变量描述性统计

	样本数	最小值	最大值	平均值	标准差
Cen	507	0.016	0.182	0.04785	0.03156
Holes	507	0.228	1.235	0.69887	0.28562

续表

	样本数	最小值	最大值	平均值	标准差
CI	507	0.02297	0.39476	0.10757	0.10345
Hdeg	507	0.11073	0.79111	0.62337	0.09782
IA	507	0.00718	1.03285	0.38789	0.15635
PI	507	1.42299	7.01345	3.90686	1.0431
RD	507	0.06	37.8	7.27396	5.84165

9.3 数据分析过程

第一步，构建 QCA 可识别的数据集。用 FSQCA3.0 软件进行分析，需要将搜集到的数据全部校准为 0 到 1 之间的数据。数据校准需要设置定性锚点，目前在实证研究时通常根据样本数据选择将上十分位数或者上四分位数作为"1"的定性锚点，表示完全隶属，将下四分位数或者下十分位数作为"0"的定性锚点，表示完全不隶属，将均值或者中位数作为交叉点，本章选择将数据的上四分位数、下四分位数作为定性锚点，均值作为交叉点对样本数据进行校准（校准后的部分数据见表 9 - 4）。

表 9 - 4 校准后的部分数据

company	Cen	Holes	CI	Hdeg	IA	PI	RD
002095	0.73	0.09	1	0	0	0.1	1
300162	0.05	0.05	0.09	0.96	0.77	0.39	0.41
002294	0.04	0.05	0.03	0.98	0.76	0.8	0.7
300379	1	0.99	0.95	0	0.76	0.01	1
300414	0.04	0.05	0.06	0.63	0.52	0	0.18
300285	0.59	0.09	0.05	0.12	0.53	0.47	0.28
—	—	—	—	—	—	—	—
000050	1	0.98	0.09	0	0.51	1	0.85

第二步，测试必要条件。检验单一条件变量是否可以作为结果变量的必要条件，一致性结果大于 0.9 的前因条件表示结果的必要条件（Ragin C C, 2010）（见表 9 - 5）。

表9-5 结果变量为研发投入的单一条件变量必要性分析

条件变量	一致性（Consistency）	覆盖率（Coverage）
Cen	0.508404	0.436598
~ Cen	0.608343	0.443546
Holes	0.617047	0.440021
~ Holes	0.465637	0.410722
CI	0.547669	0.579741
~ CI	0.526861	0.33108
Hdeg	0.547419	0.395948
~ Hdeg	0.562325	0.487511
IA	0.672869	0.551854
~ IA	0.435674	0.330877
PI	0.483694	0.382289
~ PI	0.621699	0.489235

第三步，构建真值表，设定频数阈值和一致性阈值。样本规模较小时，频数阈值的设置至少为1，当样本量增加时，可适当提高频数阈值，要至少保留75%的案例数（Rihoux B，2006）。一致性阈值可以接受的最低设定为0.75或者0.8，本章的样本量为169家企业三年的数据共计507组观测值，数据样本较多，将频数阈值设定为3，一致性阈值设定为0.83，可得到更严格的条件组合，本章构建的真值表部分数据见表9-6。

表9-6 真值表部分数据

Cen	Holes	CI	Hdeg	IA	PI	RD
0	1	1	0	0	0	1
1	1	1	0	1	1	1
1	1	1	0	0	0	1
0	1	1	1	0	0	1
1	0	1	0	0	0	1
1	1	1	0	0	0	1
0	1	1	1	0	0	1
—	—	—	—	—	—	—
0	1	1	1	0	0	0

第四步，根据标准分析评估结果。按照标准分析将得到三种解：简洁解、中间解和复杂解。将简洁解和中间解结合起来分析组合路径中的前因变量，同时在中间解和简洁解中出现的变量是核心条件变量，只在中间解出现的变量作

为辅助变量。

9.4 分析结果及检验

9.4.1 数据分析结果

本章通过对高新技术企业 507 组统计数据进行模糊集定性比较分析，得到多因素共同影响下企业高研发投入的组态（详见表 9-7）。研究结果共呈现五种构型，单个构型和总体解的一致性值均高于 0.80 的临界标准，说明这五种组态具有良好的解释力度，总体解的覆盖率为 0.244，表明这五个组态可以解释 24.4% 的高研发投入的企业样本。

表 9-7 企业高研发投入的组态

变量	提升研发投入的构型				
	A1	A2	B1	B2	C
Cen	●	⊗		⊗	●
Hole	⊗	●	⊗	⊗	●
CI	●	●	●	●	●
Hdeg	⊗	⊗	⊗		●
IA		⊗	●	●	●
PI				●	●
consisitency	0.8222	0.8206	0.8285	0.8366	0.8894
raw coverage	0.0856	0.0961	0.1264	0.1006	0.0792
unique coverage	0.0100	0.0412	0.0314	0.0158	0.0277
solution coverage	0.243997				
solution consistency	0.803227				

注：●表示核心条件存在，⊗表示核心条件缺失，•表示辅助条件存在，⊗表示辅助条件缺失，"空白"表示该条件可以存在也可以不存在。

（1）从单个条件（横向）看，竞争强度出现在所有组态之中，在五种构型中竞争强度均为核心存在条件，说明竞争强度对企业高研发投入具有关键作用。企业在竞争激烈的行业环境中，更倾向通过创新实现产品和服务的不可替代性，从而满足顾客多样化的需求，企业在高度竞争的环境中生存需通过不断创新占据市场有利位置，保障企业持续发展。

（2）从各个组态角度（纵向）看，组态 A1（*Cen ~ Hole*CI ~ Hdeg）中竞争强度和创新注意力作为核心存在条件，而结构洞和学历异质性作为核心缺失条件。该组态的一致性水平为 0.822，唯一覆盖度为 0.086。组态 A2（~ Cen*Hole*CI ~ Hdeg ~ IA）中竞争强度和创新注意力的存在与结构洞和学历异质性的缺失为核心条件。该组态的一致性为 0.8206，唯一覆盖度最高为 0.041，覆盖 10 个案例。组态 B1（~ Hole*CI ~ Hdeg*IA）中竞争强度和创新注意力的存在与结构洞和学历异质性的缺失为核心条件。该组态的一致性为 0.8285，唯一覆盖度为 0.031，覆盖的案例达到 13 个，其中有 4 个案例与组态 B2 共享。组态 B2（~ Cen ~ Hole*CI*IA*PI）中竞争强度、创新注意力和组织集权度三者存在并共同发挥核心作用，中心度和结构洞的缺席发挥了辅助性作用。该组态的一致性为 0.8366，唯一覆盖度最高为 0.016，覆盖的案例达到 9 个。组态 C（*Cen*Hole*CI*Hdeg*IA*PI）中以竞争强度、创新注意力、组织集权度和学历异质性的存在发挥核心作用作为核心存在条件，中心度和结构洞作为辅助存在作用。该组态的一致性最高为 0.8894，唯一覆盖度为 0.028，覆盖 3 个案例。

（3）从组态间的关系（纵横双向）看，组态 A1 和 A2 可视为外部资源驱动型，这类路径依靠自身在网络中的中心度或者结构洞位置获取创新资源，在竞争压力和网络资源的双重作用下，企业实现高研发投入；组态 B1 和 B2 可视为内部驱动型，这类路径的企业不具备网络资源优势，主要由于企业高管团队关注和重视企业创新问题而驱动研发，B2 路径中组织集权度也起到一定作用，集权可以提升信息处理的效率，同时管理者具有足够的权限来整合组织资源以面对外部环境中的机遇和挑战，引进新技术并促进组织创新；组态 C 可视为内外部共同驱动型，这种路径需要企业内外部因素共同发挥作用，企业创新承担高风险和高不确定性，增加研发投入需要考虑企业内外部因素的综合效应。企业在网络中占据优势地位，可获取大量与创新相关的异质性资源，同时企业内部具备高度创新注意力，对创新机遇的关注度和敏感性高，高管团队的异质性也使企业拥有多元化可选择的创新决策方案，并且高组织集权促使企业快速有效进行创新活动，这些因素共同促进企业实现高研发投入；在五种组态中，组态 A1 的中心度和组态 B1 的创新注意力具有明显的替代作用，说明这两个条件仅需一个存在便可以与组态 A1 和组态 B1 中的其他三个条件一起导致企业高研发投入。

9.4.2 稳健性检验

使用 QCA 方法，常用的稳健性检验方式有三种：更换校准数据的定性锚点、调整案例的频数以及提高一致性阈值等（黄嫚丽等，2019；张明等，2019）。本章更换校准数据的定性锚点进行稳健性检验。选择将数据的上四分位数、下四分位数作为定性锚点，将中位数作为交叉点重新对样本数据进行校准，使用标准程序分析，重新得到复杂解、中间解和简洁解，对结果进行分析发现仍是五类构型，见表 9-8。提升企业研发投入的路径组合与未改变校准锚点前结果完全一致，各构型解的一致性值和覆盖率值仅有微小变动，整体解的覆盖率由 0.3439变为 0.2436，整体解的一致性的值由 0.8032 变为 0.8075，变动幅度很小。总体上影响企业研发投入的前因条件组合构型结果和解的覆盖率、一致性未发生根本变动，上述的研究结论具有稳健性。

表 9-8　　　　　　　　　　企业高研发投入的组态

变量	提升研发投入的构型				
	A1	A2	B1	B2	C
Cen	●	⊗		⊗	●
Hole	⊗	●	⊗	●	
CI	●	●	●	●	●
Hdeg	⊗	⊗	⊗		●
IA		⊗	●	●	●
PI				●	●
consisitency	0.828339	0.819575	0.859796	0.836229	0.888455
raw coverage	0.127201	0.0963386	0.0717788	0.101141	0.079682
unique coverage	0.0320627	0.0438174	0.0083533	0.0158563	0.0278611
solution coverage	0.243647				
solution consistency	0.807527				

注：●表示核心条件存在，⊗表示核心条件缺失，●表示辅助条件存在，⊗表示辅助条件缺失，"空白"表示该条件可以存在也可以不存在。

9.5　研究结论

模糊集定性比较分析以企业内部因素（创新注意力、高管异质性、组织集权度）和企业外部因素（网络特征和竞争强度）共同作为自变量，以研发投入作为因变量进行分析，探究企业高研发投入的多重路径，发现存在 5 个企业高研发投入的路径，并将路径分为 3 类创新模式。

（1）外部资源驱动型（组态 A1 和 A2）。这类路径依靠自身在网络中的中心度或者结构洞位置获取创新资源，在竞争压力和网络资源的双重作用下，企业进行高研发投入。

（2）内部关注驱动型（组态 B1 和 B2）。这类路径的企业不具备网络资源优势，主要是企业内部高管团队关注和重视企业创新问题，在 B2 路径中组织集权度也起到一定作用，集权可以提升信息处理的效率，同时管理者具有足够的权限来整合组织资源以面对外部环境中的机遇和挑战，引进新技术并促进组织创新。

（3）内外部共同驱动型（组态 C）。这种路径需要企业内外部因素共同发挥作用，企业在网络中占据优势地位，获取大量与创新相关的异质性资源，同时企业内部具备高度创新注意力，对创新机遇的关注度和敏感性高，高管团队的异质性也使企业拥有多元化可选择的创新决策方案，并且高组织集权促使企业快速有效进行创新活动，这些因素共同促进企业实现高研发投入。

9.6　研究启示

9.6.1　基于企业角度的分析

（1）应根据企业自身情况和外部环境选择创新路径。从案例数量而言，内部关注型驱动的企业数量更多，这是由于高新技术企业的连锁网络结构具有层次性，在金字塔顶端的企业数量较少，企业可以根据自身所处网络位置选择不同路径进行创新活动，拥有优质外部资源占据核心位置的企业可利用网络资源优势驱动创新，非核心位置企业在未占据优势地位时考虑从企业内部视角出发进行创新活动；在网络中不具备结构洞优势的企业加强创新注意力也可在一定程度上弥补网络弱势程度。高管连锁网络中心度与创新注意力对于企业高研发投入的影响存在一定替代性，组态 A1 的中心度和组态 B1 的创新注意力可以与其他三个共同条件导致企业高研发投入。

（2）企业通过加强创新注意力或提升集权度提升创新水平时，需要考虑企业网络位置的影响，分析内部关注驱动型组态 B1 和 B2，B2 路径中的企业在网络中更处于边缘位置，需要高度集权度提升信息处理的效率，应对外部复杂环境中的挑战。

（3）核心位置企业聘任时可选择不同教育背景的高管，合理优化管理团队。高管的异质性在核心网络位置企业的研发投入路径中起到关键作用，组态 C 类路径的企业具有高中心度和丰富结构洞，高管异质性程度使企业拥有多元化可选择的创新决策方案，并在内外部因素共同作用下实现高研发投入。

9.6.2　基于政府角度的分析

政府部门可实施相关政策维持行业竞争强度，积极维护市场行业秩序，营造优质创新环境。行业竞争强度出现在所有组态之中，竞争强度对企业高研发投入具有关键作用，在 5 条路径中竞争激烈的行业环境作为核心条件影响企业高研发投入，企业在竞争激烈的行业环境中为保障持续发展需要不断增加创新。通过分层次落实对不同高新技术企业的补贴力度或者通过加强高新技术企业的认证标准，维持高技术行业激烈的竞争环境，促使企业不断增加研发投入，同时增加高新技术企业的资金支持也可促使企业进行高新技术企业认证，激发其他行业的创新动力，更加剧竞争强度，以此形成创新的良性循环，落实国家的"双创"战略，提升我国企业整体的创新水平。

企业创新行为是一项复杂性系统工程，需要企业和政府共同努力。企业内外部因素对于企业创新都会产生影响，不能孤立考虑某一要素，单一特征要素对研发投入发挥作用要依赖于其他要素的配置，企业内部要素和外部因素合理配置才能有效促进企业科学创新。

9.7　本章小结

本章采用模糊集定性比较分析的方法深入研究企业高研发投入的组态，条件因素包括中心度、结构洞、竞争强度、高管异质性、创新注意力和组织集权度。使用 FsQCA 软件对单一变量的必要性分析、数据校准、真值表分析后得到复杂解、中间解和简约解，得到 5 种路径组合并进行稳健性检验。

组态分析结果呈现的五种高研发投入构型可分为外部资源驱动型（组态 A1 和 A2）、内部关注驱动型（组态 B1 和 B2）以及内外部共同驱动型（组态 C）。不同路径中具备不同核心因素条件，外部资源驱动型创新路径中，中心度或结构洞起到关键作用；内部关注驱动型创新路径中主要是高管团队创新注意力占据主导地位；内外部共同驱动型创新路径中需要考虑企业内外部因素的综合效应。

第10章 产业集群网络与企业研发投入关系理论分析

产业集群因资源合理配置、地理位置临近、集群内企业优势互补等特征有其特有的竞争优势，是推动区域经济发展和提高区域竞争力的有效途径。产业集群是产业集聚形成的特殊组织形态，其生存和发展的根本动力在于创新。在知识经济时代，信息、知识和技术的传递主要依靠知识网络。随着集群的发展，集群成员企业间以及集群企业与外部知识主体间的交互形成复杂的内、外部知识网络，为创新提供坚实的知识基础（魏江，徐蕾，2011）。集群企业嵌入知识网络中，通过知识搜索为企业创新提供源泉和动力，因此，为了揭示集群内部创新驱动规律以及把握集群企业创新的本质，这部分将对集群网络、知识搜索与创新关系开展研究。

10.1 基本概念

10.1.1 网络嵌入性

企业的经济行为不是独立进行的，而是通过特定方式嵌入一定的社会结构中（Granovetter，1985），关于企业创新发展的研究需要考虑网络嵌入性这一重要背景。伯特（Burt，1992）用网络关系和网络位置对创新网络的特征进行测度；格兰诺维特（Granovetter，1985）构建网络关系和网络结构的整体研究视角，因此，本章研究将网络嵌入划分为关系嵌入和结构嵌入两个维度，其中，网络关系数量和网络关系质量用来测量网络关系嵌入属性，网络中心性用于测量不同节点的网络结构属性。

（1）网络关系数量。

网络关系数量用来度量网络范围内企业间联系的规模。拉姆（Lam，1997）认为，企业间必须建立一定的连接以提高知识交流的密度。网络成员间的互动程度越高，关系越广泛，知识和资源共享的程度和效果也越强。罗利（Rowley，2015）等证实了企业创新网络范围越广、参与成员越多，网络中蕴含的资源就越丰富，从而越有利于创新决策。菲涅尔（Freel，2000）强调网络关系的数量越多，越有利于异质性知识资源的获取和交流。

（2）网络关系质量。

网络关系质量是指网络成员间关系的稳定性及信任、一致性程度等。保持网络成员间关系的稳定性，有利于网络成员间信任和共有规范的建立，可以提高行动的一致性（蔡彬清，陈国宏，2013）。达马拉吉和帕克（Dhanaraj and Parkhe，2006）指出，稳定的网络有助于加强网络成员间的关系，有助于企业获得知识和提高绩效。摩根和安（Morgan and Hunt，1994）指出，企业间的信任机制是影响联盟双方合作意愿的重要因素，信任是获取良好合作绩效的必要条件。

（3）网络中心性。

网络中心性体现了企业在网络结构中的嵌入性。从网络所有成员彼此之间相互连接的距离来看，中心企业到网络其他成员的路径之和最短，与网络其他成员之间在信息交流上最活跃也最直接，因此网络中心性提升了企业在网络中的信息获取能力。班森（Benson，1975）提出，网络中心性可以通过企业对信息在网络成员之间传播的控制以及由此所形成的相对权力来帮助企业获得竞争优势。张红娟（2014）指出，网络中心性有利于企业从外部获取多样性的知识和信息。网络中心程度影响企业的资源获取效率，企业在网络中的位置越中心，则知识获取路径越短，从而在创新中更容易产生主导性。

10.1.2　知识搜索

根据合作对象的不同，网络范围内企业的知识搜索方式可以分为跨界搜索和本地搜索。跨界知识搜索是指组织在创新过程中为解决问题而跨越自身边界和知识基础进行创造性知识整合的过程（Katila R，Ahuja G，2002）。本地知识搜索是指企业在创新过程中在现有技术知识邻近领域寻找解决方案的过程（Lori Rosenkopf A N，2001）。

由于企业搜索能力和企业资源的有限性，企业在已有或者未知搜索领域内有获取新知识的机会，因此需要在搜索范围和搜索程度上做出合理的平衡（March，1996），由此，我们将知识搜索策略分为搜索深度和搜索广度。为了提高创新绩效，企业需要对外搜索技术创新的知识，知识搜索广度用来界定企业外部知识搜索的渠道的数量；知识搜索深度则是强调企业能够反复利用已有知识并重组创造新知识，因此深度搜索有助于提升企业对现有知识水平的认知程度和利用效率（胡文安等，2017）。

10.1.3　网络惯例

佐罗（Zollo et al.，2002）提出跨组织的网络惯例即是各个企业在多次交往过程中形成的能够应对网络内外部变化和刺激的行为模式。德肯等（Deken et al.，2016）认为，网络惯例是网络中多个成员参与网络行为时可以依赖的行为规则。本章参考孙永磊等（2014）的研究，认为网络惯例是一种在网络成员开展创新活动过程中形成的、被共同认可和遵守的行为规则与创新模式，它的作用是能够指导并规范网络内成员的合作行为、保持参与者之间稳定的网络关系，也有助于网络内知识的交流和传递。

10.2　研究假设

企业通过嵌入集群中的创新网络获得所需的资源和知识，能够获得接触新知识的机会，而反过来网络成员之间的互动关系也促进集群网络的发展。企业的网络地位和网络关系成为企业推动资源流动和获取的渠道，关键是网络中敏感创新信息和创新机会的共享，从而降低了企业独立创新的风险，也降低创新的不确定性，因此企业更敢于开展创新活动（Phelps C C，2010），加大研发投入。

10.2.1　网络关系特征与研发投入

产业集群网络关系特征包括网络关系数量特征和网络关系质量特征。网络关系数量是指在网络中存在直接联系的创新伙伴的个数，创新伙伴包括供应商、客户、销售商、同行企业、大学及科研机构、创新中介机构等。网络关系数量能够激发企业研发创新（熊捷，孙道银，2017）。首先，多样化的网络连接能为企业带来多样化的资源，这为实施创新提供了可能，企业面临创新风险时能利用这些知识深入分析现状，从而做出正确的创新决策；其次，企业整合多样化知识还可能促进知识创造能力，从而激发企业的创新能力。

根据谢永平和王晶（2017）的研究，以企业与网络内其他成员直接联系的稳定程度来衡量网络关系质量。企业之间的网络关系是否稳定直接影响企业对隐性知识的获取、整合以及知识共享的效果。当企业与网络范围内其他企业的沟通及交易成本比较稳定时，企业则更容易适应外部环境的变化，因而更有可能集中精力开展创新活动。杨隽萍等（2015）认为，企业与高校及研究机构的合作关系质量影响隐性技术知识获取的数量和质量。阿卡尔莫纳—拉瓦多等（Carmona-Lavado A et al.，2010）认为，企业与外部网络保持良好的合作关系可以激发彼此更积极的合作态度以展开更高水平的合作，从而推动合作研发。企业之间长期稳定合作，易于形成资源互补模式和高度信任的合作氛围，能够促进合作企业的相互学习以及促成合作创新。克拉特凯（Kratke，2010）的研究认为，网络的稳定性通过影响合作主体间的知识获取和学习能力进而影响了企业技术创新能力。对单独创新的企业而言，其拥有的网络关系稳定性较差，获得的信息不对称，如果盲目进行研发创新，可能面临巨大的风险，导致研发投入沉没。

基于以上研究可知，网络关系数量和网络关系质量分别从创新资源多样性和创新信息可靠性来影响企业研发投入决策。基于此，本章提出以下假设。

H1a：网络关系数量正向促进企业研发投入的提升。

H1b：网络关系质量正向促进企业研发投入的提升。

10.2.2 网络结构特征与研发投入

网络中心性反映企业在网络中的相对位置，网络中心性高的企业具有直接从网络中获取和整合知识资源的优势和机会，网络中心性高的企业还拥有对资源的获取和控制权力，能影响其他成员的网络活动（Lin Z et al.，2009）；随着网络地位的提升，企业能及时获得有价值的信息（Shropshire C，2010），从而了解行业发展的最新动态，因此可能率先开展创新活动。

网络中心性还反映企业向合作企业学习以及利用网络内外部知识、资源、信息的能力。中心性越高的企业，其在网络中的声誉和地位越高，解读信息和吸收信息的能力越强，此类企业能够吸引其他企业主动寻求合作和传递信息。当企业拥有最新的创新信息和机会时，为了保持自身在网络中的优势地位，企业也会增加创新主动性，因此更容易提升研发投入水平。赵炎（2017）的研究发现，核心企业比非核心企业更快提升创新投入。因为网络合作过程中企业间信任度加强导致信息共享程度加强，从而导致网络中心企业的控制优势显露，核心企业相比非核心企业率先获得隐性知识，因此率先加强研发投入以开展创新活动。

具有网络位置优势的企业能够提高识别创新合作伙伴的能力，通过选择最佳合作伙伴进行合作创新从而减少创新决策失败的可能性（Provan K G，Kenis P，2008）。詹坤等（2017）研究发现，网络中企业创新活动及知识转移必然涉及不同的创新合作伙伴，正确识别合作对象，能够减少创新活动过程的不确定性，从而影响了创新成功的可能性，由此也影响企业加大研发投入。

综上可见，企业网络地位提高带来的优势从资源控制角度、创新合作伙伴的选择以及创新先导性的角度来影响企业自身做出研发投入的决策。基于此，本章做出以下假设。

H2：网络中心性正向促进研发投入的提升。

10.2.3 网络关系与知识搜索方式

网络关系作为重要的资源获取和传递渠道，促进技术、信息和知识等资源在企业间的传播和转移（Phelps C C，2010），因此网络关系是企业进行知识搜索的重要渠道。企业之间合作关系质量越好，合作机制越稳定，信任程度越高，越能够消除企业进行合作创新的疑虑，因此利于企业间的知识搜索（辛德强、党兴华、魏龙，2017）；不稳定的网络关系会限制企业建立新的网络联系，阻碍企业搜索并创造新知识（Park B I，2011）。因此，良好的网络关系质量是企业在网络中进行知识搜索和转移内化的前提。

企业与多数合作伙伴建立较弱的网络联系，能够得到多样化的非冗余信息。维持较弱的网络联系使企业有精力去搜寻除本领域外更多跨界领域的合作伙伴关系（Koka B R et al.，2008）。因此，网络关系数量多且弱联结关系对跨界搜索和本地搜索都有益。当企业建立更高质量的伙伴关系时，需要较多资源与时间来维持这样的网络关系，因此减少了企业本来能维持的网络关系数量，这样无疑限制了企业将知识搜索行为扩展到其他技术领域的机会。也就是说，网络关系质量越高，企业进行跨界搜索的机会越少。在此，本章提出以下假设。

H3a：网络关系数量对跨界搜索起正向促进作用。

H3b：网络关系数量对本地搜索起正向促进作用。

H3c：网络关系质量对本地搜索起正向促进作用。

10.2.4　网络关系与知识搜索策略

组织拥有的网络联系越多，其搜索范围也随之扩大，因此网络关系数量对知识搜索广度有正向作用。随着异质性知识源的搜索范围增加，企业可接触到的技术信息知识资源更丰富，这有利于企业选择对自己创新方向最有利的成员进行深度搜索，因此网络关系数量对知识搜索深度也有促进作用（丁道韧、陈万明，2016）。当企业与网络内很多企业产生业务往来与合作时，不仅能够快速识别新知识的拥有者和获取途径，也能准确识别知识源的优劣和获取难度，这都提高了企业知识搜索的针对性，因此也能促进企业朝着正确的方向进行深度挖掘并节省知识搜索成本（Gilsing V et al.，2008）。徐建中（2014）认为，网络关系质量越强，越有利于创新知识的深度交流。从关系嵌入视角来分析企业知识搜索策略，频繁的合作关系一方面促进企业以较低成本快速获取创新知识，另一方面也加强了企业之间的信任度。信任度的提高促使企业之间的合作更频繁，因此企业倾向于在现有网络联系内进行知识搜索，这无疑加强了知识搜索的深度（朱秀梅、费宇鹏，2010）。因此，本章提出以下假设。

H4a：网络关系数量对搜索广度起正向促进作用。

H4b：网络关系数量对搜索深度起正向促进作用。

H4c：网络关系质量对搜索深度起正向促进作用。

10.2.5　网络结构与知识搜索方式

网络中心性水平决定了企业所能联结的组织的声望和能力，从而影响企业的知识搜索和创造能力。中心度越高的企业能够接触到行业中的龙头组织或网络中声望较高的机构，因此能够缩短自身搜索知识的时间（肖冬平、彭雪红，2011）。

当企业在网络中的位置越核心，企业越容易通过自身拥有的联结关系识别和获取多样化和异质性的新知识，因此网络中心性地位为企业进行知识搜索提供了良好的机会（胡保亮、方刚，2013）。企业拥有一定的知识技能基础才能有能力和实力进行知识搜索，而中心性高的企业是网络中拥有较强知识技能基础的个体，因此这样的企业能够依据自身开展创新的需要进行知识搜索（Cohen W M，Levinthal D A，2008）。因此，本章提出以下假设。

H5a：网络中心性正向促进跨界搜索。

H5b：网络中心性正向促进本地搜索。

10.2.6 网络结构与知识搜索策略

网络中心位置企业具有网络联系优势和位置控制优势，可以同时开展多渠道知识搜索和深度搜索。占据中心位置的企业能够同时接触多个合作伙伴，从而更容易识别搜索对象；其拥有的信息控制优势，能够提升知识搜索效率（云乐鑫等，2017），因此开展深度搜索时能够节省搜索成本。中心性越强的企业，越容易成为其他企业依赖的对象，其他组织之间的间接联系可能需要通过该企业来搭建，同时该企业也能够建立更多直接和间接的网络联结关系（李纲等，2017），因此这无疑拓宽了企业知识搜索的渠道，同时企业能以更快的速度和更多机会接收行业动态信息，而企业为了更好地辨别信息的可靠性，需要缩小范围深度探索所接收到的行业信息。总之，网络中心性位置的提高对于企业进行广度搜索和深度搜索都有促进作用。因此，本章提出以下假设。

H6a：网络中心性正向促进搜索广度。

H6b：网络中心性正向促进搜索深度。

10.2.7 知识搜索方式与研发投入

本地搜索成本相对更低，侧重市场化的知识（Patel P C et al.，2014），企业更易理解和整合这些知识（Funk R J，2014），多数企业具有本地搜索倾向。但是，如果企业仅限于本地搜索，搜索到的更多是企业已经熟知的知识，企业难以跟上外界环境的变化，因此可能导致短视的创新活动，不利于长期创新活动的开展；跨界搜索能克服本地搜索的局限性，帮助企业把握基础研究领域的最新进展，及时更新知识库。企业通过与高校、科研机构建立高质量的社会网络关系，搜索到最新的隐性知识和技术，并能吸收利用（Vanwijk R et al.，2012），率先进行研发创新。然而，跨界搜索存在知识整合难度大和搜索成本高的问题（Knoben J，Oerlemans L A G，2010）。总的来说，适当范围内的本地搜索和跨界搜索程度都能够有效地促进企业开展创新活动，从而增加企业研发投入。因此，本章提出以下假设。

H7a：跨界搜索正向促进企业研发投入的提升。

H7b：本地搜索正向促进企业研发投入的提升。

10.2.8　知识搜索策略与研发投入

搜索广度和搜索深度也影响企业创新活动的开展。搜索广度强调企业外部知识来源和搜索渠道的多样性、新颖性，为企业开展产品研发提供源源不断的动力（Shropshire C，2010）。

搜索广度的扩大是从三个方面激发企业研发投入的增长：首先，企业开展多渠道的知识搜索为自身带来多领域和行业的异质性知识，从而为企业开展多领域的创新活动提供来源；其次，多领域全方位的技术、知识和信息资源为企业解决创新过程中的难题提供资源基础，因而有效地实施创新，也有效地利用了研发投入的资金资源；最后，知识搜索广度的增加，能够激发企业搜寻新的合作伙伴并提升学习能力，也带来合作关系的增加，从而做出正确的创新投入决策。因此，从创新动力源泉的角度来看，搜索广度能够驱动企业创新。然而，知识搜索需要耗费企业的成本，当企业在多个业务领域开展创新搜索可能会导致企业现有资源分配不合理（Corradini C，Propris L D，2017），且多元化的知识可能与现有业务领域差距较大（Zang J et al.，2014），无法快速得到运用，为了能"消化"这些新知识，企业需要建立新的沟通渠道和开发新的技术来利用这些知识，因此企业花费了更多成本而抵销了广度搜索带来的利益。

搜索深度强调在现有业务领域进行深入的搜索及利用，涉及现有技术、知识的改进与重组。当企业与其他网络成员联系频繁且稳定时，适合开展深度搜索，深度搜索得到的隐性知识不易被竞争对手模仿（Vanwijk R et al.，2012），因此，企业趋于抢先进行研发以提高自身竞争优势。深度搜索的本质是注重对现有知识的深度利用，降低搜索到的知识的冗余性，有效地利用搜索资源，从而有效地减少知识搜索成本（Li Q et al.，2013）。但是，深度搜索往往难以摆脱"技术困境"（Zang J et al.，2014），由于企业仅限定于现有业务领域的技术改造，从而无法广泛地开展研发活动。

总的来说，搜索深度和搜索广度在一定范围内都有利于企业做出开展研发创新的决策。广泛且深度的知识搜索能够为企业带来丰富的优质性知识，并通过企业自身整合、消化吸收的网络能力进行新知识的传递，激发了企业的研发创意（杜俊枢等，2018），从而可知，知识搜索策略有利于研发投入的提升。因此，本章提出以下假设。

H8a：搜索广度正向促进企业研发投入的提升。

H8b：搜索深度正向促进企业研发投入的提升。

10.2.9 知识搜索方式的中介作用

企业嵌入创新网络中进行知识搜索能够打破产业发展壁垒，为企业创新活动提供非冗余性互补资源，因此知识搜索在网络嵌入性与企业创新投入行为之间起中介作用（Chiang Y H，Hung K P，2010）。

多种网络联系能为企业的知识搜索拓宽渠道，帮助企业获得新知识，从而激发了企业创新的积极性，由此可能加大研发投入。尤其当企业与高校科研机构开展合作交流时，能够获得最新的科研成果，因此企业开展创新投入的积极性最强。企业与其他成员维持稳定的网络联系，有利于隐性知识的搜索，即网络关系质量越好，企业越能深入搜索到原有网络中其他主体基于竞争保护意识而不愿共享的优势知识。相反地，如果企业仅建立少数不稳定的网络联系，可能得到较多相似性知识，企业不但无法拓展自身知识基础，而且还要花费成本来维持这样的联系，可能减少创新投入。良好的网络信任关系，能够有效提高知识搜索的效率和知识搜索深度，因此有效提高知识更新效率和技术创新效率（Sisodiya S R et al.，2013），促进企业增加研发投入的积极性。由此，本章提出以下假设。

H9a：跨界搜索在网络关系数量与研发投入的关系之间起中介作用。

H9b：跨界搜索在网络中心性与研发投入的关系之间起中介作用。

H10a：本地搜索在网络关系数量与研发投入的关系之间起中介作用。

H10b：本地搜索在网络关系质量与研发投入的关系之间起中介作用。

H10c：本地搜索在网络中心性与研发投入的关系之间起中介作用。

10.2.10　知识搜索策略的中介作用

企业中心度越高，表明企业具有良好的声望和权力，可以吸引网络内的边缘企业开展合作，同时还可以控制网络整体的创新方向。具有最新、最准确信息的核心企业能快速识别所需的技术知识和创新条件，根据自身需求确定知识搜索的范围和策略。核心企业获取网络中的显性知识并通过控制网络中知识的流动，进而影响其他成员的网络行为。然而在网络地位较均衡的情况下，大多数企业具有平等地位，知识交流趋于同质化，从而各个企业开展知识搜索的意愿较低。而核心企业的出现会激发整个网络的创新活力，其所拥有的网络联系也会越来越多，因此核心位置企业总是比边缘位置企业具有创新的先导性。由此，本章提出以下假设。

H11a：搜索广度在网络关系数量与研发投入的关系之间起中介作用。

H11b：搜索广度在网络中心性与研发投入的关系之间起中介作用。

H12a：搜索深度在网络关系数量与研发投入的关系之间起中介作用。

H12b：搜索深度在网络关系质量与研发投入的关系之间起中介作用。

H12c：搜索深度在网络中心性与研发投入的关系之间起中介作用。

10.2.11　网络惯例的调节作用

网络惯例是指导网络运行和企业行为的"游戏规则"，这种规则是在网络成员频繁合作交往过程中共同约定的。低程度网络惯例下的合作行为能够维持网络的平衡状态，避免企业之间的投机和不信任行为，而高层次的网络惯例能够促进企业的技术变革。因此，网络惯例能够维持网络的稳定运行、协调组织关系、促进组织间的合作交流、减少企业间冲突、推进组织间知识共享行为等（Pentland B T et al.，2012）。由于网络惯例下企业之间的合作交流按既定模式，因此网络成员之间更清楚对方拥有资源的种类和价值，因而在知识搜索时明确搜索方向和搜索重点，这将降低知识搜索成本和内化成本，提高知识搜索效率。萨卡—赫尔姆霍特（Saka-Helmhout，2010）的研究发现，稳定的网络惯例模式能够提高企业间知识转移效率，从而提高了知识搜索的效率。当企业之间不存在或者存在较弱的网络惯例时，企业之间的不信任行为和矛盾冲突增多，网络运行不稳定，则导致企业搜索知识的活动受阻（孙永磊等，2014）。学者们认为网络惯例是驱动企业选择不同创新方式（Pavlov A，Bourne M；2011）、不同战略导向、企业间互相学习、影响网络内部合作模式的一种机制（Chen J et al.，2013；Majchrzak A et al.，2013）。因此，本章提出以下假设。

H13a：网络惯例正向调节网络关系数量与跨界搜索之间的关系。

H13b：网络惯例正向调节网络关系数量与本地搜索之间的关系。

H13c：网络惯例正向调节网络关系质量与本地搜索之间的关系。

H14a：网络惯例正向调节网络中心性与跨界搜索之间的关系。

H14b：网络惯例正向调节网络中心性与本地搜索之间的关系。

H15a：网络惯例正向调节网络关系数量与搜索广度之间的关系。

H15b：网络惯例正向调节网络关系数量与搜索深度之间的关系。

H15c：网络惯例正向调节网络关系质量与搜索深度之间的关系。

H16a：网络惯例正向调节网络中心性与搜索广度之间的关系。

H16b：网络惯例正向调节网络中心性与搜索深度之间的关系。

基于以上分析，本章以网络惯例为调节变量，以知识搜索方式和策略作为中介变量，探究网络嵌入视角下网络成员间关系特征对企业研发投入的影响关系。本章的理论框架和相关假设分别见图 10-1 和表 10-1。

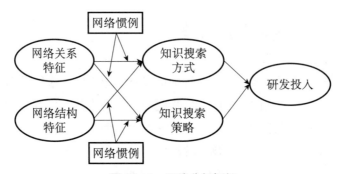

图 10-1　理论分析框架

表 10-1　　　　　　　　　网络嵌入性影响企业研发投入的研究假设

序号		研究假设
H1	H1a	网络关系数量正向促进研发投入的提升
	H1b	网络关系质量正向促进研发投入的提升

序号		研究假设
H2		网络中心性正向促进研发投入的提升
H3	H3a	网络关系数量对跨界搜索起正向促进作用
	H3b	网络关系数量对本地搜索起正向促进作用
	H3c	网络关系质量对本地搜索起正向促进作用
H4	H4a	网络关系数量对搜索广度起正向促进作用
	H4b	网络关系数量对搜索深度起正向促进作用
	H4c	网络关系质量对搜索深度起正向促进作用
H5	H5a	网络中心性正向促进跨界搜索
	H5b	网络中心性正向促进本地搜索
H6	H6a	网络中心性正向促进搜索广度
	H6b	网络中心性正向促进搜索深度
H7	H7a	跨界搜索正向促进企业研发投入的提升
	H7b	本地搜索正向促进企业研发投入的提升
H8	H8a	搜索广度正向促进企业研发投入的提升
	H8b	搜索深度正向促进企业研发投入的提升
H9	H9a	跨界搜索在网络关系数量与研发投入的关系之间起中介作用
	H9b	跨界搜索在网络中心性与研发投入的关系之间起中介作用
H10	H10a	本地搜索在网络关系数量与研发投入的关系之间起中介作用
	H10b	本地搜索在网络关系质量与研发投入的关系之间起中介作用
	H10c	本地搜索在网络中心性与研发投入的关系之间起中介作用
H11	H11a	搜索广度在网络关系数量与研发投入的关系之间起中介作用
	H11b	搜索广度在网络中心性与研发投入的关系之间起中介作用
H12	H12a	搜索深度在网络关系数量与研发投入的关系之间起中介作用
	H12b	搜索深度在网络关系质量与研发投入的关系之间起中介作用
	H12c	搜索深度在网络中心性与研发投入的关系之间起中介作用
H13	H13a	网络惯例正向调节网络关系数量与跨界搜索之间的关系
	H13b	网络惯例正向调节网络关系数量与本地搜索之间的关系
	H13c	网络惯例正向调节网络关系质量与本地搜索之间的关系
H14	H14a	网络惯例正向调节网络中心性与跨界搜索之间的关系
	H14b	网络惯例正向调节网络中心性与本地搜索之间的关系
H15	H15a	网络惯例正向调节网络关系数量与搜索广度之间的关系
	H15b	网络惯例正向调节网络关系数量与搜索深度之间的关系
	H15c	网络惯例正向调节网络关系质量与搜索深度之间的关系
H16	H16a	网络惯例正向调节网络中心性与搜索广度之间的关系
	H16b	网络惯例正向调节网络中心性与搜索深度之间的关系

第11章　产业集群网络与企业研发投入关系实证分析

根据理论分析和研究假设，课题组对产业集群组织进行了问卷调查，用层次回归分析方法和结构方程建模方法对样本数据进行信度和效度的检验以及对研究模型进行验证。

11.1　研究设计

11.1.1　问卷设计

由于变量设计考察了网络嵌入性特征、知识搜索、网络惯例三类变量，而这些变量的测量数据难以从公开数据中直接获取或者间接计算，因此，本书研究采用问卷调查方法来收集研究所需要的数据。变量选取、维度划分和问卷测量题项均参考国内外已经成熟并广泛使用的量表并根据实际调查对象进行修改。问卷题项均采用李克特5级量表，1~5表示受访者对问卷题项涉及的内容的认同程度，1表示非常不赞同，5表示非常赞同。

设计问卷经历了四个阶段。第一，初步问卷设计。梳理已有文献对本书涉及的变量的研究，通过大量分析和比较，选择成熟并被广泛使用的量表题项，完成本书研究变量题项的初步设计。第二，咨询创新团队专家并修改问卷。咨询相关创新团队内的专家，专家们针对问卷题项语句的表述和题项与企业实际情况的贴合程度给出了详细的建议，根据这些意见对问卷题项进行了初步修改。第三，实际调研，修改问卷题项。项目组进行实地走访，访谈了企业高管与研发部门负责人，就本问卷设计是否能够有效测量反映企业实际情况进行咨询，针对他们提出的意见进行问卷题项的再次修改。第四，预调研与最终定稿。将修改后的问卷发放给 10 位中高层管理者和本校 20 位 MBA 学生进行填写，根本初步得到的数据进行分析，然后删减数据结果不合理的题项，最终确定问卷终稿。

问卷内容主要分为五个部分：（1）被调查者的身份和公司的基本信息。（2）企业的网络联系。主要测量对象是与企业有直接业务往来的供应链企业成员和高校科研机构、创新中介机构等。通过测量网络关系数量、网络联系的稳定程度来获得网络嵌入性关系特征的数据。通过测量企业在网络中的发展情况及是否作为网络中介来表征企业的网络地位。（3）网络惯例。（4）知识搜索。包括搜索方式和搜索策略。（5）企业研发投入。研发投入包括企业在研发人员、研发资金、设备投入等方面的信息。

11. 1. 2　数据收集

产业集群网络是由地理距离临近、相互之间有合作关系的企业或者组织机构集结在一起并进行合作与创新的网络（Bell G G.，2005）。本书研究考虑企业之间的合作关系和知识、信息等资源在网络内的交流共享行为，因此产业集群网络比较符合本书研究的要求。

本书研究对象为福建省内具备产品、工艺创新能力的集群企业，为了获得可靠数据，问卷发放对象为企业技术资深人员和研发部门主管，这两类人员对企业创新方面实际情况具有深刻的了解。此次问卷发放共通过三个渠道：（1）实地走访企业并发放问卷。前往福建省内主业突出、特色明显、成长性好的部分产业集群，如以宁德电机电器产业基地、莆田涵江高新区汽车产业集群、永荣化工新材料产业集群、友达光电产业集群等多个产业，与企业高层人员进行面对面问卷访谈填写，这种问卷收集方式获得最高的有效率。本次发放 120 份问卷，共回收 108 份问卷，有效问卷数量为 78 份。（2）由本校的 MBA 学生和研究团队人员发放。由他们的私人关系向企业的高层人员发放纸质问卷，或者通过电话访谈方式收集相关题项的信息，此类方法共发放 80 份问卷，共回收 64 份问卷，有效问卷为 48 份。（3）通过网络途径如问卷星等专业平台，向企业工作人员发放电子问卷。由于这种问卷形式参与度不高，并且填写效果不好，因此问卷有效回收率不高。此次问卷共发放 100 份，共回收 77 份，有效问卷数仅为 46 份。

最终的问卷发放情况和有效回收率情况见表 11 - 1，从总体来看，按照三种方式共发放 300 份问卷，回收 249 份问卷，其中有效问卷数目有 172 份，有效回收率达到 57.33%。

表 11 - 1 问卷发放数目与回收情况

问卷发放渠道	发放数目（份）	回收数目（份）	有效问卷数目（份）	有效回收率（%）
实地走访	120	108	78	65
MBA 学员和创新团队	80	64	48	60
问卷星平台	100	77	46	46
合计	300	249	172	57.33

11.1.3 变量测度

（1）网络嵌入性的测度。

参照程跃（2017）和吴枫韵等（2011）的研究，用网络关系数量和网络关系质量来描述企业网络关系特征，用网络中心性来描述网络结构特征。参考蒂瓦纳（Tiwana，2008）的量表，用"企业过去 3 年在研发创新时与网络内的成员（包括供应商、客户、同行企业、高校科研机构、创新中介机构等）存在业务往来的数量和稳定程度"分别度量网络关系数量（$GXSL_{1-3}$）、关系质量（$GXZL_{1-3}$）。参考波纳西茨（Bonacich，1987）和戴勇等（2018）的量表，用技术交流愿望（WLZXX1）、企业的知名度（WLZXX2）、研发目标一致性程度（WLZXX3）来测量网络中心性（见表 11 - 2）。

表 11 - 2 网络嵌入性特征的测量题项

变量	题项编号	题项内容	测量依据
网络关系数量	GXSL1	与本企业有直接联系的供应链上下游及同行企业数量	蒂瓦纳（Tiwana，2008）、伯纳西齐（Bonacich，1987）和戴勇等（2018）
	GXSL2	与本企业有直接联系的高校科研机构的数量	
	GXSL3	与本企业有直接联系的创新中介机构等的数量	
网络关系质量	GXZL1	与本企业有直接联系的供应链上下游关系的稳定程度	
	GXZL2	与本企业有直接联系的高校科研机构关系的稳定程度	
	GXZL3	与本企业有直接联系的创新中介机构关系的稳定程度	
网络中心性	WLZXX1	其他企业与本企业进行知识、技术交流的愿望非常强烈	
	WLZXX2	本企业的知识和技术在创新网络中的知名度	
	WLZXX3	本企业与合作企业研发目标的一致性程度	

（2）知识搜索的测度。

知识搜索方式包括跨界搜索和本地搜索两个维度，知识搜索策略包括搜索广度和搜索深度两个维度。本地搜索和跨界搜索量表主要参照肖丁丁和朱桂龙（2016）的研究并做了实际修改。跨界搜索从企业与高校联合培养人才（KJSS1）、企业向研究机构咨询技术趋势（KJSS2）和企业关注技术标准、专利信息（KJSS3）三个方面来测量；本地搜索从企业及时跟踪供应商信息（BDSS1）、企业关注竞争者战略变化（BDSS2）、企业吸纳行业协会或商会信息（BDSS3）来测量。参照卡蒂拉（Katila，2002）、劳尔森（Laursen，2010）等的研究将知识搜索策略分为搜索深度与搜索广度。搜索深度反映了企业对现存知识的使用程度，搜索广度代表企业对新知识的获取程度。搜索广度和搜索深度参考苏道明等（2017）的研究并做了实际修改。搜索广度从三个题项来测量，分别是企业从供应链上下游企业获取创新知识（SSGD1）、企业从高校科研机构获取创新知识（SSGD2）、企业从创新中介机构获取创新知识（SSGD3）。搜索深度从本企业频繁使用特定搜索渠道（SSSD1），本企业深度开发利用研发、制造或营销等特定领域知识（SSSD2），本企业深度开发利用技术或管理等特定领域知识（SSSD3）三个方面来测量（见表 11－3）。

表 11－3　　　　　　　　　知识搜索方式和策略的测量题项

变量	题项编号	题项内容	测量依据
跨界搜索	KJSS1	本企业与高校联合培养人才	肖丁丁、朱桂龙（2016）
	KJSS2	本企业向研究机构咨询技术趋势	
	KJSS3	本企业关注技术标准、专利信息	
本地搜索	BDSS1	本企业及时跟踪供应商信息	
	BDSS2	本企业关注竞争者战略变化	
	BDSS3	本企业吸纳行业协会或商会信息	
搜索广度	SSGD1	本企业从供应链上下游企业获取创新知识	苏道明等（2017）
	SSGD2	本企业从高校科研机构获取创新知识	
	SSGD3	本企业从创新中介机构获取创新知识	
搜索深度	SSSD1	本企业密集使用一些特定的搜索通道进行知识搜索	
	SSSD2	本企业深度搜索并利用研发、制造或营销等特定领域知识	
	SSSD3	本企业深度搜索并利用技术或管理等特定方面的知识	

（3）网络惯例的测度。

网络惯例的测度参考孙永磊（2013）对网络惯例、网络成员间关系机制的相关研究，并根据本章研究的实际调研对象的理解程度做了调整，用三个题项来测量网络惯例，分别是合作伙伴之间有默契（WLGL1）、企业之间有可遵循的程序和经验（WLGL2）、做决策时有过去的相似问题参考（WLGL3）（见表11－4）。

表11－4   网络惯例的测量题项

变量	题项编号	题项内容	测量依据
网络惯例	WLGL1	企业与合作伙伴往来过程中具有很强的默契	孙永磊和党兴华（2013）
	WLGL2	企业与合作伙伴多年往来过程中，形成了可以遵循的规范化流程	
	WLGL3	企业在做决策时能考虑到以往合作时相似问题的解决办法	

（4）研发投入的测度。

对于研发投入，本章研究主要以企业在研发人员、研发资金和设备方面的投入是否增加来衡量企业做出创新决策的情况。参照李宇等（2018）的研究并在此基础上根据实际情况进行调整。从企业为基础研究、实验室搭建、引进技术、科研人才培养方面等的投入（YFTR1）；企业每年研发支出占总收入的比重（YFTR2）；企业每年技术人员人数（YFTR3）三个方面来衡量企业的研发投入程度（见表11－5）。

表11－5   研发投入的测量题项

变量	题项编号	题项内容	测量依据
研发投入	YFTR1	近年来公司增加了基础研究、科研人才培养等方面的投入	李宇等（2018）
	YFTR2	近三年平均每年的研发支出占总收入的比重在增加	
	YFTR3	近三年平均每年的技术人员人数在增加	

（5）控制变量。

不同规模的企业受到资源拥有量的约束进而影响其研发活动的投入：大规模企业具有足够的人员、资金、物力以支撑其开展大型且长期的研发活动；小规模企业由于资源约束难以维持长期研发活动的需要（Tan J，Peng M W，2003）。因此，考虑企业规模作为控制变量。

企业年龄不同，发展阶段不一样，从而所处的网络地位和缔结的网络联系也不同，这可能导致企业选择搜索方式和搜索策略的差异，因此，将企业年龄作为另一个控制变量。

11.1.4 数据分析方法

（1）结构方程模型。

结构方程模型（以下简称 SEM）是近年来最受欢迎的研究方法之一，是一种以计算变量之间的协方差矩阵来判断变量之间相关关系的一种数理方法，包含因子模型和结构模型，因此能够同时检测潜变量与观测变量之间的所属关系、潜变量之间的相关关系（直接关系、中介关系）。与传统的回归分析方法相比，在三个方面有明显的优势性：SEM 方法能够同时验证多个自变量与多个因变量之间的关系；SEM 允许变量测量有误差，而回归分析方法要求变量测量没有误差，这就导致某些变量在不可直接测量时无法用回归分析方法，那么 SEM 可以用在任何变量之间的相关关系模型验证；SEM 同时为总体模型和潜变量的因子模型提供参数检验，从而便于研究中判断模型的拟合效果。

（2）层次回归分析。

回归方程分析法是以数理统计方法为基础，建立自变量影响因变量的函数关系的方法。层次回归法则依次加入变量进行回归（即下一个模型总是比上一个模型多添加变量），再对多个回归模型进行对比，发现模型之间的差异，从而得出依次加入的变量对因变量的叠加效应。即如果下一个模型对因变量的解释率比上一个模型强，那么下一个模型比上一个模型多添加的那个变量则更显著影响因变量。

11.2 描述性统计分析

回收样本的总体情况统计见表 11 - 6。从企业规模和企业年龄的分布来看，分布都比较均匀，适合本章研究的分析。

表 11 - 6   调研企业基本信息情况

属性	企业分类	样本数	百分比
企业规模	50 人以下	20	11.63%
	50 ~ 100 人	55	31.98%

续表

属性	企业分类	样本数	百分比
企业规模	101~500人	44	25.58%
	501~1000人	39	22.67%
	1001人及以上	14	8.14%
企业年龄	1~5年	15	8.72%
	6~10年	53	30.81%
	11~15年	49	28.49%
	16~20年	44	25.58%
	21年及以上	11	6.40%
企业所属行业	高新技术产业	49	28.49%
	制造业	45	26.16%
	金融/服务业	22	12.79%
	互联网行业	29	16.86%
	其他行业	27	15.70%

11.3 信度与效度检验

11.3.1 信度检验

克朗巴哈（Cronbach's α）值是表征变量数据是否具有稳定性的一个指标，其值在0与1之间，越接近1表示数据稳定性越强。一般情况下，当Cronbach's α值大于0.7时，表明量表具有良好的内部一致性。本章研究借助SPSS18.0软件对问卷数据进行可靠性检验，将变量题项的Cronbach's α值和题项—总分相关系数列于表11-7。根据现有标准来看，当题项—总分相关系数大于0.5，且Cronbach's α值大于0.7，表明本章研究的问卷数据具有良好的可靠性。如表11-7所示，本章研究所有变量测量题项的可靠性指标满足要求，并且在删除该题项后的Cronbach's α值均小于变量原始的值，因此该量表具有很好的可靠性。

表 11 - 7　　　　　　　　各变量测量题项的信度检验

变量	测量题项	题项—总分 相关系数	删除该题项后 Cronbach's α 值	Cronbach's α 值
网络关系数量	GXSL1	0.687	0.703	0.772
	GXSL2	0.672	0.719	
	GXSL3	0.581	0.819	
网络关系质量	GXZL1	0.610	0.735	0.751
	GXZL2	0.562	0.799	
	GXZL3	0.577	0.772	
网络中心性	WLZXX1	0.808	0.879	0.873
	WLZXX2	0.831	0.751	
	WLZXX3	0.823	0.796	
网络惯例	WLGL1	0.764	0.732	0.801
	WLGL2	0.719	0.758	
	WLGL3	0.714	0.736	
跨界搜索	KJSS1	0.785	0.787	0.838
	KJSS2	0.592	0.875	
	KJSS3	0.756	0.720	
本地搜索	BDSS1	0.737	0.859	0.880
	BDSS2	0.792	0.807	
	BDSS3	0.781	0.819	
搜索广度	SSGD1	0.642	0.750	0.771
	SSGD2	0.537	0.773	
	SSGD3	0.650	0.753	
搜索深度	SSSD1	0.785	0.787	0.838
	SSSD2	0.592	0.875	
	SSSD3	0.756	0.720	
研发投入	YFTR1	0.770	0.805	0.858
	YFTR2	0.787	0.752	
	YFTR3	0.717	0.857	

11.3.2　效度检验

效度是表征量表测量指标的正确性。按照前人的研究经验，本章研究需要从表面效度和结构效度测量样本的整体效度。本章研究的问卷题项根据国际上成熟的量表进行设计，再结合实际调查对象进行适当修改，问卷由企业中高层领导及技术人员填写以保证量表具有良好的表面效度。对于结构效度的测量，本章研究利用 SPSS18.0 软件对调查问卷收集来的数据进行探索性因子分析检验，以及利用 LISREL8.70 软件进行验证性因子分析检验。

（1）探索性因子分析。

利用 SPSS18.0 对本章研究各变量进行探索性因子分析，得出因子载荷、巴特利特（Bartlett）检验 F 值和 KMO 值，并通过计算 AVE 值（平均方差萃取值），其结果见表 11 - 8 至表 11 - 12。根据经验，当变量的因子载荷和 KMO 值大于 0.7，Bartlett 检验 F 值为 0.000，AVE 值大于 0.5 时，观测变量收集到的数据具有良好的效度，从以下表格整理的数据可以看出，本章研究的观测变量符合要求，因此可以进一步做验证性因子分析。

表 11 - 8 网络嵌入性特征的探索性因子分析

变量	测量题项	因子载荷			AVE	Bartlett 检验 F 值	KMO 值
		关系数量	关系质量	网络中心性			
网络嵌入性特征	GXSL1	0.861	—	—	0.732（>0.5）	0.000	0.735
	GXSL2	0.881	—	—			
	GXSL3	0.724	—	—			
	GXZL1	—	0.836	—			
	GXZL2	—	0.789	—			
	GXZL3	—	0.827	—			
	WLZXX1	—	—	0.919			
	WLZXX2	—	—	0.928			
	WLZXX3	—	—	0.915			

表 11 - 9 网络惯例的探索性因子分析

变量	测量题项	因子载荷	AVE	Bartlett 检验 F 值	KMO 值
网络惯例	WLGL1	0.821	0.633（>0.5）	0.000	0.831
	WLGL2	0.831			
	WLGL3	0.714			

表 11 - 10 知识搜索方式的探索性因子分析

变量	测量题项	因子载荷		AVE	Bartlett 检验 F 值	KMO 值
		跨界搜索	本地搜索			
知识搜索方式	KJSS1	0.911	—	0.780（>0.5）	0.000	0.786
	KJSS2	0.800	—			
	KJSS3	0.892	—			

续表

变量	测量题项	因子载荷		AVE	Bartlett 检验 F 值	KMO 值
		跨界搜索	本地搜索			
知识搜索方式	BDSS1	—	0.881	0.780 (>0.5)	0.000	0.786
	BDSS2	—	0.906			
	BDSS3	—	0.905			

表 11 – 11   知识搜索策略的探索性因子分析

变量	测量题项	因子载荷		AVE	Bartlett 检验 F 值	KMO 值
		搜索广度	搜索深度			
知识搜索方式	SSGD1	0.813	—	0.638 (>0.5)	0.000	0.780
	SSGD2	0.738	—			
	SSGD3	0.716	—			
	SSSD1	—	0.886			
	SSSD2	—	0.821			
	SSSD3	—	0.805			

表 11 – 12   研发投入的探索性因子分析

变量	测量题项	因子载荷	AVE	Bartlett 检验 F 值	KMO 值
研发投入	YFTR1	0.904	0.803 (>0.5)	0.000	0.730
	YFTR2	0.916			
	YFTR3	0.868			

（2）验证性因子分析。

利用 LISREL8.70 对本章研究的观测变量与假设模型之间的拟合程度进行检验，能够表征良好的拟合程度的指标有：χ^2/df（卡方/自由度，建议 <5）、RMSEA（近似误差均方根，建议 <0.08）、RMR（均方根残差，建议 <0.05）、NFI（标准拟合指数，建议 >0.9）、CFI（比较拟合指数，建议 >0.9）、IFI（递增拟合指数，建议值 >0.9）、AGFI（调整拟合优度指数，建议值 >0.9）、GFI（拟合优度指数，建议值 >0.9）。本章研究将文章涉及变量的具体参数列于表 11 – 13 和表 11 – 14，从数据结果可以看出，变量的各项测量指标符合结构效度要求，测量题项符合本章的研究需求，不需要剔除测量题项，即 $GXSL_{1-3}$ 是网络关系数量的有效测度，$GXZL_{1-3}$ 是网络关系质量的有效测度，$WLZXX_{1-3}$ 是网络中心性的有效测度，$WLGL_{1-3}$ 是网络惯例的有效测度，$KJSS_{1-3}$ 是跨界搜索的有效测度，$BDSS_{1-3}$ 是本地搜索的有效测度，$SSGD_{1-3}$ 是搜索广度的有效测度，$SSSD_{1-3}$ 是搜索深度的有效测度，$YFTR_{1-3}$ 是研发投入的有效测度。

表 11 – 13　"网络成员关系—知识搜索方式—研发投入"的验证性因子分析

变量	测量题项	非标准化路径系数	标准化路径系数	拟合指数
网络关系数量	GXSL1	0.68	0.75	
	GXSL2	0.90	0.89	
	GXSL3	0.48	0.56	
网络关系质量	GXZL1	0.62	0.74	
	GXZL2	0.71	0.71	
	GXZL3	0.58	0.69	
网络中心性	WLZXX1	0.27	0.86	$\chi^2/df = 1.26$
	WLZXX2	0.52	0.91	RMSEA = 0.01
	WLZXX3	0.56	0.87	RMR = 0.049
网络惯例	WLGL1	0.69	0.77	NFI = 0.96
	WLGL2	0.71	0.71	CFI = 0.94
	WLGL3	0.72	0.79	IFI = 0.94
跨界搜索	KJSS1	1.03	0.93	GFI = 0.94
	KJSS2	0.55	0.62	AGFI = 0.92
	KJSS3	0.95	0.84	
本地搜索	BDSS1	0.62	0.82	
	BDSS2	0.71	0.84	
	BDSS3	0.76	0.87	
研发投入	YFTR1	0.51	0.87	
	YFTR2	0.66	0.88	
	YFTR3	0.69	0.77	

表 11 – 14　"网络成员关系—知识搜索策略—研发投入"的验证性因子分析

变量	测量题项	非标准化路径系数	标准化路径系数	拟合指数
网络关系数量	GXSL1	0.69	0.76	
	GXSL2	0.85	0.85	
	GXSL3	0.52	0.62	
网络关系质量	GXZL1	0.71	0.84	$\chi^2/df = 1.17$
	GXZL2	0.63	0.64	RMSEA = 0.01
	GXZL3	0.53	0.64	RMR = 0.047
网络中心性	WLZXX1	0.27	0.86	NFI = 0.93
	WLZXX2	0.50	0.89	CFI = 0.95
	WLZXX3	0.57	0.89	IFI = 0.95
网络惯例	WLGL1	0.71	0.78	GFI = 0.94
	WLGL2	0.65	0.70	AGFI = 0.93
	WLGL3	0.62	0.82	

续表

变量	测量题项	非标准化路径系数	标准化路径系数	拟合指数
搜索广度	SSGD1	0.79	0.77	
	SSGD2	0.70	0.66	
	SSGD3	0.71	0.78	
搜索深度	SSSD1	1.01	0.91	
	SSSD2	0.55	0.62	
	SSSD3	0.97	0.86	
研发投入	YFTR1	0.52	0.87	
	YFTR2	0.65	0.88	
	YFTR3	0.70	0.77	

11.4　知识搜索的中介效应验证

利用 LISREL 软件分别建立"网络嵌入性—知识搜索（方式和策略）—研发投入"三个变量之间的结构方程模型，检验知识搜索方式和知识搜索策略的中介作用。

11.4.1　网络嵌入、知识搜索方式与研发投入关系验证

（1）初始模型拟合。

模型 1 用来检验网络嵌入性、知识搜索方式、研发投入三个变量之间的具体影响关系，用来对假设 H1a、H1b、H2、H3a、H3b、H3c、H5a、H5b、H7a、H7b、H9a、H9b、H10a、H10b 和 H10c 分别验证。初步拟合指标见表 11－15，变量之间的标准路径系数见表 11－16，初步模型如图 11－1 所示。由表 11－15 可知，GFI、AGFI 指标不满足要求，从表 11－16 可以看出，"网络关系数量—研发投入""网络中心性—研发投入""网络中心性—跨界搜索"之间的直接关系不显著，初步模型拟合效果不理想，因此模型需要进行修正。

表 11－15　　　　　　　知识搜索方式中介作用模型 1 的拟合效果

拟合指标	χ^2/df	CFI	IFI	GFI	AGFI	PNFI	RMSEA
拟合值	1.26	0.94	0.94	0.73	0.63	0.62	0.07
标准值	<5	>0.9	>0.9	>0.9	>0.9	>0.5	<0.08
结论	满足	满足	满足	不满足	不满足	满足	满足

表 11-16　　　　　　知识搜索方式中介作用模型 1 标准路径系数

路径说明	标准化 Estimate	T 值	P 值	对应假设	检验结果
关系数量→研发投入	0.12	0.58	—	H1a	不支持
关系质量→研发投入	0.21	2.05	**	H1b	支持
网络中心性→研发投入	0.03	0.22	—	H2	不支持
关系数量→跨界搜索	0.59	3.35	***	H3a	支持
关系数量→本地搜索	0.65	3.75	***	H3b	支持
关系质量→本地搜索	1.20	7.48	***	H3c	支持
中心性→跨界搜索	0.13	0.82	—	H5a	不支持
中心性→本地搜索	0.35	2.14	**	H5b	支持
跨界搜索→研发投入	0.37	2.26	**	H7a	支持
本地搜索→研发投入	0.48	3.33	***	H7b	支持
关系数量→跨界搜索→研发投入	0.21	2.15	**	H9a	支持
中心性→跨界搜索→研发投入	0.05	0.52	—	H9b	不支持
关系数量→本地搜索→研发投入	0.31	2.33	**	H10a	支持
关系质量→本地搜索→研发投入	0.58	3.06	***	H10b	支持
中心性→本地搜索→研发投入	0.18	2.09	**	H10c	支持

注：*** 表示 p < 0.001，** 表示 p < 0.01。

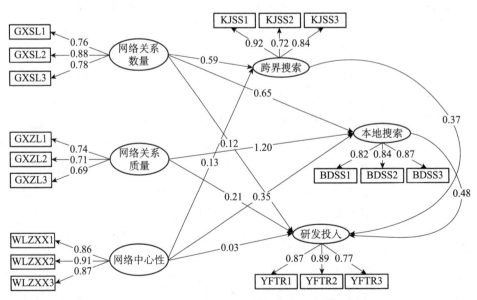

图 11-1　知识搜索方式中介作用模型 1 标准路径

（2）模型修正与确定。

对模型1的修正办法是在 LISREL 中依次将 T 值最小值小于 1.96 的路径删除，即依次删除"网络中心性—研发投入""网络关系数量—研发投入""网络中心性—跨界搜索"之间的直接路径，再次得到的拟合指标列于表 11 - 17，变量之间的标准路径系数见表 11 - 18。从表 11 - 17 和表 11 - 18 中可以看出，模型拟合效果良好，假设 H1b、H3a、H3b、H3c、H5b、H7a、H7b、H9a、H10a、H10b 和 H10c 得到验证，假设 H1a、H2、H5a、H9b 未得到验证，修正拟合模型如图 11 - 2 所示。

表 11 - 17　　　　　　知识搜索方式中介作用模型 1 的修正拟合效果

拟合指标	χ^2/df	CFI	IFI	GFI	AGFI	PNFI	RMSEA
拟合值	1. 23	0. 94	0. 95	0. 93	0. 93	0. 63	0. 06
标准值	<5	>0. 9	>0. 9	>0. 9	>0. 9	>0. 5	<0. 08
结论	满足	满足	满足	满足	满足	满足	满足

表 11 - 18　　　　　　知识搜索方式中介作用模型 1 修正标准路径系数

路径说明	标准化 Estimate	T 值	P 值	对应假设	检验结果
关系质量→研发投入	0. 20	2. 00	**	H1b	支持
关系数量→跨界搜索	0. 61	3. 37	***	H3a	支持
关系数量→本地搜索	0. 64	3. 72	***	H3b	支持
关系质量→本地搜索	1. 20	7. 48	***	H3c	支持
中心性→本地搜索	0. 32	2. 46	**	H5b	支持
跨界搜索→研发投入	0. 37	2. 55	**	H7a	支持
本地搜索→研发投入	0. 48	3. 28	***	H7b	支持
关系数量→跨界搜索→研发投入	0. 23	2. 26	**	H9a	支持
关系数量→本地搜索→研发投入	0. 31	2. 33	**	H10a	支持
关系质量→本地搜索→研发投入	0. 58	3. 06	***	H10b	支持
中心性→本地搜索→研发投入	0. 15	1. 98	**	H10c	支持

注：*** 表示 $p<0.001$，** 表示 $p<0.01$。

（3）中介效应分析。

从表 11 - 16 可知，在中介效应模型 1 中，网络关系数量、网络中心性与企业研发投入之间的关系不显著，即网络关系数量、网络中心性不直接影响企业研发投入，因此 H1a 和 H2 未通过验证。网络关系质量与企业研发投入之间的关系显著，即网络关系质量可以直接影响企业研发投入，因此 H1b 通过验证。从直接影响关系上看，网络关系数量与跨界搜索、网络关系数量与本地搜索、网络关

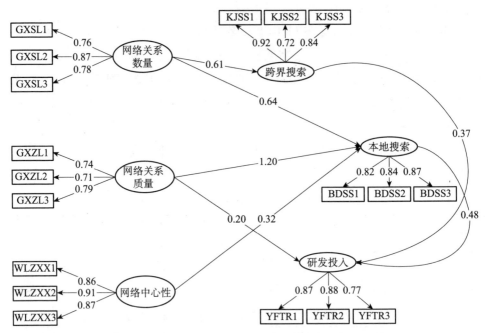

图 11 - 2　知识搜索方式中介作用模型 1 修正标准路径

系质量与本地搜索、网络中心性与本地搜索、两种搜索方式与研发投入之间的直接关系均通过验证,因此假设 H3a、H3b、H3c、H5b、H7a、H7b 均通过验证。

　　从表 11 - 18 可以看出,网络关系数量还分别通过跨界搜索和本地搜索影响企业研发投入。其中,网络关系数量与跨界搜索之间的标准路径系数为 0.61,网络关系数量与本地搜索之间的标准路径系数为 0.64。跨界搜索与研发投入之间的标准路径系数为 0.37,本地搜索与研发投入之间的标准路径系数为 0.48。网络关系数量通过跨界搜索影响研发投入的标准路径系数为 0.61×0.37 = 0.23(P 值小于 0.01),网络关系数量通过本地搜索影响研发投入的标准路径系数为 0.64×0.48 = 0.31(P 值小于 0.01)。因此,网络关系数量通过两种知识搜索方式间接影响研发投入,由于网络关系数量与研发投入之间没有直接影响关系,即两种知识搜索方式在网络关系数量与研发投入之间起完全中介效应,假设 H9a、H10a 得证。

　　从表 11 - 18 得知,网络关系质量也能通过本地搜索间接影响研发投入。其中,网络关系质量与本地搜索之间的标准路径系数为 1.20,本地搜索与研发投入之间的标准路径系数为 0.48,网络关系质量通过本地搜索影响研发投入的标准路

径系数为 $1.2 \times 0.48 = 0.58$（P 值小于 0.001），由于网络关系质量可以对研发投入具有直接影响效应（标准路径系数为 0.20，P 值小于 0.01），因此，本地搜索在网络关系质量与研发投入之间起部分中介作用，假设 H10b 得证。

从表 11-18 也可以看出，网络中心性通过本地搜索间接影响研发投入。其中，网络中心性与本地搜索之间的标准路径系数为 0.32，本地搜索与研发投入之间的标准路径系数为 0.48，因此网络中心性通过本地搜索影响研发投入的标准路径系数为 $0.32 \times 0.48 = 0.15$（P 小于 0.01），由于网络中心性对研发投入没有直接的影响效应，也就是说本地搜索在网络中心性与研发投入之间起完全中介作用，假设 H10c 得证。由于网络中心性与跨界搜索之间没有存在直接影响效应，即假设 H5a 没有通过验证，因此网络中心性通过跨界搜索间接影响研发投入的关系也无法通过验证，即假设 H9b 不成立。

11.4.2 网络嵌入、知识搜索策略与研发投入关系验证

（1）初始模型拟合。

模型 2 用来检验网络嵌入性、知识搜索策略、研发投入三个变量之间的具体影响关系，用来对假设 H1a、H1b、H2、H4a、H4b、H4c、H6a、H6b、H8a、H8b、H11a、H11b、H12a、H12b 和 H12c 进行验证，初步拟合指标见表 11-19，变量之间的标准路径系数见表 11-20，初步模型如图 11-3 所示。由表 11-19 可知，GFI、AGFI 指标不满足要求，从表 11-20 可以看出，"网络关系数量—研发投入""网络中心性—研发投入""网络中心性—搜索深度"之间的直接关系不显著，初步模型拟合效果不理想，因此模型需要进行修正。

表 11-19　　　　　　　　　知识搜索策略中介作用模型 2 的拟合效果

拟合指标	χ^2/df	CFI	IFI	GFI	AGFI	PNFI	RMSEA
拟合值	1.16	0.95	0.95	0.74	0.64	0.58	0.06
标准值	<5	>0.9	>0.9	>0.9	>0.9	>0.5	<0.08
结论	满足	满足	满足	不满足	不满足	满足	满足

表 11-20　　　　　　　　　知识搜索策略中介作用模型 2 标准路径系数

路径说明	标准化 Estimate	T 值	P 值	对应假设	检验结果
关系数量→研发投入	0.10	0.30	—	H1a	不支持
关系质量→研发投入	0.80	4.24	***	H1b	支持

续表

路径说明	标准化 Estimate	T 值	P 值	对应假设	检验结果
中心性→研发投入	0.12	0.58	—	H2	不支持
关系数量→搜索广度	0.58	2.95	***	H4a	支持
关系数量→搜索深度	0.72	4.14	***	H4b	支持
关系质量→搜索深度	0.46	2.55	**	H4c	支持
中心性→搜索广度	0.35	2.04	**	H6a	支持
中心性→搜索深度	0.10	0.65	—	H6b	不支持
搜索广度→研发投入	0.63	3.35	***	H8a	支持
搜索深度→研发投入	0.56	2.78	**	H8b	支持
关系数量→搜索广度→研发投入	0.37	2.26	**	H11a	支持
中心性→搜索广度→研发投入	0.22	2.05	**	H11b	支持
关系数量→搜索深度→研发投入	0.40	2.39	**	H12a	支持
关系质量→搜索深度→研发投入	0.26	2.26	**	H12b	支持
中心性→搜索深度→研发投入	0.06	0.60	—	H12c	不支持

注：*** 表示 $p < 0.001$，** 表示 $p < 0.01$。

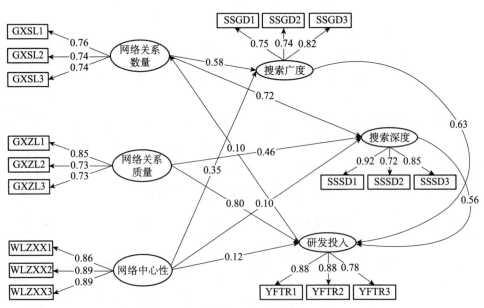

图 11 - 3　知识搜索策略中介作用模型 2 标准路径

（2）模型修正与确定。

对模型 2 的修正办法是在 LISREL 中依次将 T 值最小值小于 1.96 的路径删除，即依次删除"网络中心性—研发投入""网络关系数量—研发投入""网络中心性—搜索深度"之间的直接路径，再次得到的拟合指标列于表 11 - 21，变量之间的标准路径系数见表 11 - 22，从表 11 - 21 和表 11 - 22 可以看出，模型拟合效果良好，假设 H1b、H4a、H4b、H4c、H6a、H8a、H8b、H11a、H11b、H12a 和 H12b 得到验证，假设 H1a、H2、H6b、H12c 未得到验证，修正拟合模型如图 11 - 4 所示。

表 11 - 21　　　　　　知识搜索策略中介作用模型 2 的修正拟合效果

拟合指标	χ^2/df	CFI	IFI	GFI	AGFI	PNFI	RMSEA
拟合值	1. 15	0. 95	0. 95	0. 94	0. 94	0. 59	0. 06
标准值	<5	>0. 9	>0. 9	>0. 9	>0. 9	>0. 5	<0. 08
结论	满足	满足	满足	满足	满足	满足	满足

表 11 - 22　　　　　　知识搜索策略中介作用模型 2 修正标准路径系数

路径说明	标准化 Estimate	T 值	P 值	对应假设	检验结果
关系质量→研发投入	0. 81	4. 29	***	H1b	支持
关系数量→搜索广度	0. 58	2. 95	***	H4a	支持
关系数量→搜索深度	0. 73	4. 23	***	H4b	支持
关系质量→搜索深度	0. 44	2. 46	**	H4c	支持
中心性→搜索广度	0. 35	2. 04	**	H6a	支持
搜索广度→研发投入	0. 63	3. 75	***	H8a	支持
搜索深度→研发投入	0. 58	2. 95	***	H8b	支持
关系数量→搜索广度→研发投入	0. 37	2. 28	**	H11a	支持
中心性→搜索广度→研发投入	0. 22	2. 06	**	H11b	支持
关系数量→搜索深度→研发投入	0. 42	2. 43	**	H12a	支持
关系质量→搜索深度→研发投入	0. 26	2. 14	**	H12b	支持

注：*** 表示 p < 0.001，** 表示 p < 0.01。

（3）中介效应分析。

从表 11 - 20 可知，在模型 2 中，网络关系数量和网络中心性与企业研发投入之间的关系不显著，也就是说，网络关系数量和网络中心性不直接影响企业研发投入，因此 H1a 和 H2 未通过验证。网络关系质量与企业研发投入之间的关系显著，也就是说网络关系质量可以直接影响企业研发投入，因此 H1b 通过验证。从直接影响关系上看，网络关系数量与搜索广度、网络关系数量与搜索深度、网络关系质量与搜索深度、网络中心性与搜索广度、两种搜索策略与研发投入之间的直接关系均通过验证，因此假设 H4a、H4b、H4c、H6a、H8a、H8b 均通过验证。

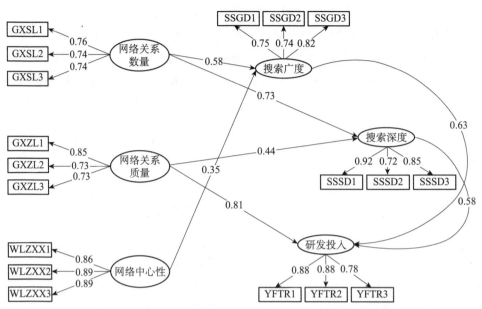

图 11 - 4　知识搜索策略中介作用模型 2 修正标准路径

从表 11 - 22 可以看出，网络关系数量还分别通过搜索广度和搜索深度影响企业研发投入。其中，网络关系数量与搜索广度之间的标准路径系数为 0.58，网络关系数量与搜索深度之间的标准路径系数为 0.73。搜索广度与研发投入之间的标准路径系数为 0.63，搜索深度与研发投入之间的标准路径系数为 0.58。网络关系数量通过搜索广度影响研发投入的标准路径系数为 0.58 × 0.63 = 0.37（P 值小于 0.01），网络关系数量通过搜索深度影响研发投入的标准路径系数为 0.73 × 0.58 = 0.42（P 值小于 0.01）。因此，网络关系数量通过两种知识搜索策略间接影响研发投入。由于网络关系数量与研发投入之间没有直接影响关系，也就是说，两种知识搜索策略在网络关系数量与研发投入之间起完全中介效应，假设 H11a、H12a 得证。

从表 11 - 22 可以看出，网络关系质量也能通过搜索深度间接影响研发投入。其中，网络关系质量与搜索深度之间的标准路径系数为 0.44，搜索深度与研发投入之间的标准路径系数为 0.58，因此网络关系质量通过搜索深度影响研发投入的标准路径系数为 0.44 × 0.58 = 0.26（P 值小于 0.01）。由于网络关系质量可以对研发投入具有直接影响效应（标准路径系数为 0.81，P 值小于 0.001），也就是说搜索深度在网络关系质量与研发投入之间起部分中介作用，假设 H12b 得证。

从表 11 - 22 可以看出，网络中心性通过搜索广度间接影响研发投入。其中，网络中心性与搜索广度之间的标准路径系数为 0.35，搜索广度与研发投入之间的标准路径系数为 0.63，因此网络中心性通过本地搜索影响研发投入的标准路径系数为 0.35 × 0.63 = 0.22（P 小于 0.01）。由于网络中心性对研发投入没有直接的影响效应，也就是说，搜索广度在网络中心性与研发投入之间起完全中介作用，假设 H11b 得证。由于网络中心性与搜索深度之间没有存在直接影响效应，即假设 H6b 没有通过验证，因此网络中心性通过搜索深度间接影响研发投入的关系也无法通过验证，即假设 H12c 不成立。

11.5 网络惯例的调节作用验证

本书研究使用 SPSS 软件来检验网络惯例对网络嵌入性与知识搜索关系的调节作用。在模型中逐步加入控制变量（企业规模和企业年龄）、自变量（网络关系数量、网络关系质量、网络中心性）、调节变量（网络惯例）、交互项（网络嵌入性特征三个维度分别与网络惯例的交叉相乘项），依次构建回归模型，根据模型之间交互项显著性的对比来分析网络惯例对知识搜索的影响关系。在数据分析开始之前，本章研究先对数据进行中心化处理，交互项是利用中心化后的数据计算生成，以此避免数据产生多重共线性。

11.5.1 对网络嵌入性与知识搜索方式的调节作用

由于结构方程模型中假设 H3a、H3b、H3c 和 H5b 通过检验，也就是说，网络关系数量对跨界搜索和本地搜索均产生正向影响，网络关系质量、网络中心性对本地搜索产生正向影响，因此本章研究在此只需要检验假设 H13a、H13b、H13c 和 H14b。由于假设 H5a 在结构方程模型 1 中未通过检验，网络中心性对跨界搜索无促进作用，因此假设 H14a 不予纳入以下检验模型。

（1）网络惯例对网络嵌入性与跨界搜索的调节作用。

模型 3 是检验控制变量对跨界搜索的影响，模型 4 和模型 5 分别是在模型 3 的基础上依次加入网络关系数量、网络惯例、网络关系数量×网络惯例交互项得到的，模型的回归结果见表 11 - 23。从模型 5b 可以看出，"网络关系数量×网络惯例"调节项对跨界搜索的调节作用显著（$\Delta R^2 = 5.6\%$，$\beta = 0.209$，$p < 0.01$），意味着网络惯例强化网络关系数量对跨界搜索的影响，因此假设 H13a 通过检验。

表 11－23　　　　　　　网络惯例对网络嵌入性与跨界搜索的调节作用

变量	因变量：跨界搜索			
	模型 3	模型 4	模型 5a	模型 5b
企业规模	0.758	0.681	0.553	0.472
企业年龄	0.312	0.304	0.303	0.246
网络关系数量	—	0.213 **	0.229 **	0.387 ***
网络惯例	—	—	0.221 **	0.198 *
网络关系数量×网络惯例	—	—	—	0.209 **
F 值	17.852 ***	11.769 ***	10.049 ***	8.628 ***
R^2	0.520	0.525	0.565	0.509
调整后的 R^2	0.491	0.480	0.508	0.521
ΔR^2	—	0.005	0.040	0.056

注：*** 表示 $p < 0.001$，** 表示 $p < 0.01$，* 表示 $p < 0.05$。

（2）网络惯例对网络嵌入性与本地搜索的调节作用（见表 11－24）。

表 11－24　　　　　　　网络惯例对网络嵌入性与本地搜索的调节作用

变量	因变量：本地搜索			
	模型 6	模型 7	模型 8a	模型 8b
企业年龄	0.409	0.034	0.421	0.427
企业规模	0.320	0.057	0.349	0.342
网络关系数量	—	0.218 **	0.183 **	0.196 **
网络关系质量	—	0.988 ***	—	—
网络中心性	—	0.115 **	—	—
网络惯例	—	—	－ 0.172	－ 0.167
关系数量×网络惯例	—	—	—	0.030
关系质量×网络惯例	—	—	—	—
网络中心性×网络惯例	—	—	—	—
F 值	6.203 **	150.087 ***	3.393 *	2.633 *
R^2	0.273	0.962	0.304	0.305
调整后的 R^2	0.269	0.955	0.315	0.289
ΔR^2	—	0.689	0.658	0.001

续表

变量	因变量：本地搜索			
	模型 9a	模型 9b	模型 10a	模型 10b
企业年龄	0.057	0.056	0.437	0.449
企业规模	0.029	0.029	0.343	0.355
网络关系数量	—	—	—	—
网络关系质量	0.961***	0.967***		
网络中心性	—	—	0.158*	0.199*
网络惯例	0.069	0.067	0.179**	0.189**
关系数量×网络惯例	—	—	—	—
关系质量×网络惯例	—	0.008		
网络中心性×网络惯例	—	—	—	0.189***
F 值	155.959***	120.804***	3.340*	2.783*
R^2	0.953	0.953	0.301	0.317
调整后的 R^2	0.947	0.945	0.211	0.203
ΔR^2	0.648	0.000	0.652	0.016

注：*** 表示 $p < 0.001$，** 表示 $p < 0.01$，* 表示 $p < 0.05$。

模型 6 是检验控制变量对本地搜索的影响，模型的回归结果见表 11 - 24。模型 7 是在模型 6 的基础上加入网络关系数量、网络关系质量、网络中心性以验证自变量对本地搜索的影响。

模型 8 是对网络惯例、网络关系数量×网络惯例的检验，以验证假设 H13b，由模型 8b 可知，网络关系数量×网络惯例对本地搜索的影响效应不显著（$\Delta R^2 = 0.1\%$，$\beta = 0.030$），因此网络惯例对网络关系数量与本地搜索之间没有调节作用，即假设 H13b 不通过。

模型 9 是对网络关系质量、网络关系质量×网络惯例的检验，以验证假设 H13c，由模型 9b 可知，网络关系质量×网络惯例对本地搜索的影响作用不显著（$\Delta R^2 = 0$，$\beta = 0.008$），因此网络惯例对网络关系质量与本地搜索之间没有调节作用，即假设 H13c 不通过。

模型 10 是对网络中心性、网络中心性×网络惯例的检验，以验证假设 H14b，由模型 10b 可知，网络中心性×网络惯例对本地搜索具有显著的正向影响（$\Delta R^2 = 1.6\%$，$\beta = 0.189$，$p < 0.01$），意味着网络惯例强化了网络中心性对本地搜索的影响，因此假设 H14b 通过检验。

11.5.2 网络惯例对网络嵌入性与知识搜索策略的调节作用

由于结构方程模型中假设 H4a、H4b、H4c 和 H6a 通过检验,也就是说,网络关系数量对搜索广度和搜索深度均产生正向影响,网络关系质量对搜索深度产生正向影响,网络中心性对搜索广度产生正向影响,因此本章研究在此只需要检验假设 H15a、H15b、H15c 和 H16a。由于假设 H6b 在结构方程模型 2 中未通过检验,网络中心性对搜索深度无促进作用,因此假设 H16b 不予纳入以下的检验模型。

(1) 网络惯例对网络嵌入性与搜索广度的调节作用(见表 11 - 25)。

表 11 - 25　　　　　　　　网络惯例对网络嵌入性与搜索广度的调节作用

变量	因变量:搜索广度					
	模型 11	模型 12	模型 13a	模型 13b	模型 14a	模型 14b
企业规模	0.502	0.247	0.273	0.170	0.462	0.479
企业年龄	0.330	0.262	0.323	0.250	0.261	0.280
网络关系数量	—	0.295 ***	0.310 ***	0.548 ***	—	—
网络中心性	—	0.270 **	—	—	0.282 ***	0.279 ***
网络惯例	—	—	0.133	0.141	0.147	0.196
关系数量×网络惯例	—	—	—	0.310 ***	—	—
中心性×网络惯例	—	—	—	—	—	0.482 ***
F 值	5.642 **	4.526 **	3.306 **	3.334 **	3.811 **	4.484 **
R^2	0.255	0.369	0.299	0.357	0.330	0.428
调整后的 R^2	0.210	0.287	0.209	0.250	0.243	0.332
ΔR^2	—	0.114	0.070	0.058	0.027	0.098

注:*** 表示 $p < 0.001$,** 表示 $p < 0.01$。

模型 11 是验证控制变量对搜索广度的影响,回归结果见表 11 - 25。模型 12 是在模型 11 的基础上加上网络关系数量、网络中心性以验证自变量对搜索广度的影响。

模型 13 是在模型 11 的基础上加入网络惯例、网络关系数量×网络惯例两个调节项,以检验假设 H15a,由模型 13b 可知,网络关系数量×网络惯例交互项对搜索广度的影响效应显著($\Delta R^2 = 5.8\%$,$\beta = 0.310$,$p < 0.001$),因此网络惯例能够强化网络关系数量对搜索广度的影响,即假设 H15a 通过检验。

模型 14 是在模型 11 基础上加入网络惯例、网络中心性 × 网络惯例两个调节项，以检验假设 H16a，由模型 14b 可知，网络中心性 × 网络惯例交互项对搜索广度的影响效应显著（$\Delta R^2 = 9.8\%$，$\beta = 0.482$，$p < 0.001$），因此网络惯例能够强化网络中心性对搜索广度的影响，假设 H16a 通过检验。

（2）网络惯例对网络嵌入性与搜索深度的调节作用（见表 11-26）。

表 11-26　　　　　网络惯例对网络嵌入性与搜索深度的调节作用

变量	因变量：搜索广度					
	模型 15	模型 16	模型 17a	模型 17b	模型 18a	模型 18b
企业规模	0.758	0.659	0.673	0.580	0.777	0.778
企业年龄	0.312	0.368	0.384	0.319	0.388	0.388
网络关系数量	—	0.336 ***	0.339 ***	0.355 ***	—	—
网络关系质量	—	0.274 ***	—	—	0.213 ***	0.210 ***
网络惯例	—	—	0.231 **	0.208 **	0.297 ***	0.301 ***
关系数量 × 网络惯例	—	—	—	0.282 ***	—	—
关系质量 × 网络惯例	—	—	—	—	—	0.009
F 值	17.852 **	9.474 ***	9.773 ***	9.214 ***	9.429 ***	7.301 ***
R^2	0.520	0.550	0.558	0.606	0.549	0.550
调整后的 R^2	0.491	0.492	0.501	0.540	0.491	0.474
ΔR^2	—	0.030	0.008	0.048	0.057	0.001

注：*** 表示 $p < 0.001$，** 表示 $p < 0.01$。

模型 15 是验证控制变量对搜索深度的影响，回归结果见表 11-26。模型 16 是在模型 15 的基础上加入网络关系数量、网络关系质量以验证自变量对搜索深度的影响。

模型 17 是在模型 15 的基础上加入网络惯例、网络关系数量 × 网络惯例两个调节项，以检验假设 H15b。由模型 17b 可知，网络关系数量 × 网络惯例交互项对搜索深度的影响效应显著（$\Delta R^2 = 4.8\%$，$\beta = 0.282$，$p < 0.001$），因此网络惯例能够强化网络关系数量对搜索深度的影响，即假设 H15b 通过检验。

模型 18 是在模型 15 的基础上加入网络惯例、网络关系质量 × 网络惯例两个调节项，以检验假设 H15c。由模型 18b 可知，网络关系质量 × 网络惯例交互项对搜索深度的影响效应不显著（$\Delta R^2 = 0.1\%$，$\beta = 0.009$），因此网络惯例不能强化网络关系质量对搜索深度的影响，假设 H15c 不通过检验。

11.6 研究结论

本章首先以结构方程模型来分析网络嵌入性与研发投入之间的直接关系、知识搜索的中介作用，以及变量之间影响关系的整体效应；其次，以层次回归分析法来检验网络惯例对于网络嵌入性与知识搜索之间关系的调节作用；最后，本章研究对于前文提出假设的验证情况列于表 11 - 27。

表 11 - 27 关系假设的检验结果汇总

序号		研究假设	结果
H1	H1a	网络关系数量正向促进研发投入的提升	不支持
	H1b	网络关系质量正向促进研发投入的提升	支持
H2		网络中心性正向促进研发投入的提升	不支持
H3	H3a	网络关系数量对跨界搜索起正向促进作用	支持
	H3b	网络关系数量对本地搜索起正向促进作用	支持
	H3c	网络关系质量对本地搜索起正向促进作用	支持
H4	H4a	网络关系数量对搜索广度起正向促进作用	支持
	H4b	网络关系数量对搜索深度起正向促进作用	支持
	H4c	网络关系质量对搜索深度起正向促进作用	支持
H5	H5a	网络中心性正向促进跨界搜索	不支持
	H5b	网络中心性正向促进本地搜索	支持
H6	H6a	网络中心性正向促进搜索广度	支持
	H6b	网络中心性正向促进搜索深度	不支持
H7	H7a	跨界搜索正向促进企业研发投入的提升	支持
	H7b	本地搜索正向促进企业研发投入的提升	支持
H8	H8a	搜索广度正向促进企业研发投入的提升	支持
	H8b	搜索深度正向促进企业研发投入的提升	支持
H9	H9a	跨界搜索在网络关系数量与研发投入的关系之间起中介作用	支持
	H9b	跨界搜索在网络中心性与研发投入的关系之间起中介作用	不支持
H10	H10a	本地搜索在网络关系数量与研发投入的关系之间起中介作用	支持
	H10b	本地搜索在网络关系质量与研发投入的关系之间起中介作用	支持
	H10c	本地搜索在网络中心性与研发投入的关系之间起中介作用	支持
H11	H11a	搜索广度在网络关系数量与研发投入的关系之间起中介作用	支持
	H11b	搜索广度在网络中心性与研发投入的关系之间起中介作用	支持

续表

序号		研究假设	结果
H12	H12a	搜索深度在网络关系数量与研发投入的关系之间起中介作用	支持
	H12b	搜索深度在网络关系质量与研发投入的关系之间起中介作用	支持
	H12c	搜索深度在网络中心性与研发投入的关系之间起中介作用	不支持
H13	H13a	网络惯例正向调节网络关系数量与跨界搜索之间的关系	支持
	H13b	网络惯例正向调节网络关系数量与本地搜索之间的关系	支持
	H13c	网络惯例正向调节网络关系质量与本地搜索之间的关系	支持
H14	H14a	网络惯例正向调节网络中心性与跨界搜索之间的关系	不支持
	H14b	网络惯例正向调节网络中心性与本地搜索之间的关系	支持
H15	H15a	网络惯例正向调节网络关系数量与搜索广度之间的关系	支持
	H15b	网络惯例正向调节网络关系数量与搜索深度之间的关系	支持
	H15c	网络惯例正向调节网络关系质量与搜索深度之间的关系	支持
H16	H16a	网络惯例正向调节网络中心性与搜索广度之间的关系	支持
	H16b	网络惯例正向调节网络中心性与搜索深度之间的关系	不支持

11.7　本章小结

本章基于有效样本，对网络嵌入性、知识搜索与研发投入作用机制开展实证分析。首先，运用结构方程模型构建网络嵌入性、知识搜索与研发投入三个变量之间关系模型，验证三个变量之间的直接关系以及知识搜索中介作用，得到以下结论。

（1）网络嵌入性不同维度对知识搜索方式、策略具有不同的影响效应。第一，网络关系数量、网络关系质量、网络中心性皆正向促进本地搜索，仅网络关系数量促进跨界搜索。第二，网络关系数量、网络中心性正向促进搜索广度，网络关系数量和质量正向促进搜索深度。跨界搜索和广度搜索均与知识源获取渠道有关，当企业在网络中拥有越广的网络联系，越有可能选择跨界搜索，因而搜索广度也增加。企业开展本地搜索时，一般受企业自身资源限制。如果企业仅与少数企业建立稳定的联系，在本地网络内开展深度搜索能够节省成本，并且搜索到可靠知识易于被企业吸收利用。

（2）网络嵌入性不同维度对研发投入具有不同的影响效应。网络关系数量、网络中心性与研发投入之间的直接关系不显著；而网络关系质量与研发投入之间的直接关系显著。由此说明，网络嵌入性的不同维度对研发投入的直接作用关系也不相同。

（3）知识搜索方式与知识搜索策略对研发投入均具有直接影响关系。

（4）由中介效应模型可以看出：第一，网络关系数量对于研发投入没有直接影响关系，而加入知识搜索方式和搜索策略后，网络关系数量通过跨界搜索、本地搜索、搜索广度和搜索深度的完全中介作用，能够显著影响研发投入。第二，网络关系质量对于研发投入有直接的影响作用，本地搜索在网络关系质量与研发投入之间存在显著的部分中介作用。同样，网络关系质量对研发投入具有直接的影响作用，搜索深度在网络关系质量与研发投入之间也起部分中介作用。第三，网络中心性对研发投入没有直接影响关系，加入本地搜索和搜索广度作为中介变量后，均能够显著影响研发投入，且本地搜索和搜索广度均起完全中介作用。

其次，借助 SPSS 软件，对网络惯例的调节作用建立回归模型，以探究网络惯例在网络嵌入性与知识搜索之间关系的调节作用，研究结果如下所述。

（1）网络惯例能够显著加强网络关系数量对跨界搜索的影响，网络惯例显著加强网络中心性对本地搜索的影响。

（2）网络惯例对网络关系数量与本地搜索、网络关系质量与本地搜索之间无显著调节作用。

（3）网络惯例能够显著加强网络关系数量、网络关系质量与搜索广度的影响，网络惯例能够显著加强网络中心性与搜索深度的影响。

（4）网络惯例对网络关系质量与搜索深度之间的关系无显著调节作用。

本章的研究发现了一些有意义的结论，但也存在以下一些问题，期待在未来的研究中解决此类问题：首先，在数据搜集方面，本章研究以问卷调查法收集数据，由填写人根据自己的理解能力对测量题项打分，因而本章研究的实证结论可能受数据缺乏客观性的影响。但是由于本章研究的研究维度之一是网络关系质量，这种数据很难量化，也很难找到相关的客观数据来表征这个维度，因此在未来研究中本章研究试图对网络关系质量的概念寻找更合理的解释，尽量做到可以量化，以便通过公开数据库找到可靠的测量方式，做出更客观的实证研究。其次，研究中没有考虑其他因素对研发投入的影响。例如环境动荡性、高层管理团队的创新偏好等因素对管理者创新决策产生影响。因为管理者的创新偏好可能影响企业在动荡环境中如何做出创新决策。还有其他因素，如政府政策、企业融资能力等，以往研究将这些因素都作为企业外部影响因素。这也给本章研究的未来研究提供一个新思路，未来的研究可以结合企业外部因素和网络因素来研究企业提升研发投入的作用机制，以更丰富研发投入影响因素的研究。

第 12 章 产业集群网络嵌入情境如何驱动企业创新

研发投入是企业创新发展的源泉，帮助企业在日益加剧的市场竞争中保持持续的竞争力，然而，研发投入具有高风险、高成本和高复杂性，因而，创新决策成为企业管理层基于长、短期利益做出的关键决策之一。如何促进企业增加研发投入以推动经济的可持续成长，已成为许多国家亟待解决的重大学术课题（袁建国等，2015）。近年来，学者们对影响研发投入的相关因素开展了广泛的研究。丹（Tan，2004）实证发现，冗余资源可以促进企业研发，减缓研发失败后的风险。周路路（2017）研究发现，A 股制造业高管的过度自信与研发投入存在倒"U"型关系。许春（2016）发现，非相关多元化战略能够帮助企业迅速适应环境变化，加速企业对创新的投入。李伟等（2016）研究发现，政府投入对企业研发投入有杠杆作用。梳理文献发现，现有关于研发投入影响因素的研究大多基于组织特性和外部政策环境的视角，多数研究者采用多元回归分析以及计量经济学等传统方法研究单个因素对企业研发投入的影响以及影响的程度。

创新网络化时代，企业独立开展创新往往面临高风险性，通过网络化合作大大降低了创新的风险，因此，网络环境也成为影响企业创新决策的重要因素。在网络嵌入视角下，影响企业创新决策的因素包括网络联结特征、网络关系的治理机制以及网络成员之间为发展创新所实施的知识搜索行为。根据资源依赖理论，知识来源的丰富性是企业开展创新的动力，而创新网络是企业开展合作创新的重要依托，企业能从创新网络中获取创新知识和技术。随着网络关系紧密性的加强，知识搜索为企业解决资源依赖问题。作为网络成员，企业的知识搜索行为还受到参与网络行为规则的影响。综上所述，从系统的观点来看，组织外部的网络环境各因素之间的交互作用有望激活企业加大研发投入的行为。

由此可见，网络嵌入情境下企业创新决策是多要素联动共同作用的结果，仅分析单个因素对企业创新决策的影响难以解释企业加大研发投入的复杂前因，因此，有必要借助集合论思想深入探讨多个网络要素的联动对促进企业加大研发投入的复杂作用机制。本章研究运用模糊集定性比较分析的方法对 172 家企业进行分析，探讨产业集群网络嵌入、网络治理以及知识搜索等因素对企业研发投入行为的联动效应，突破了仅从企业特征或者宏观环境的单一视角开展研究的局限性，揭示产业集群网络嵌入情境下多因素的联合作用对促进企业加大研发投入的影响机制对实施创新驱动战略具有重要的现实指导意义。

12.1 理论分析

12.1.1 网络嵌入性与企业研发投入

已有关于网络关系嵌入特征的研究发现了企业之间的社会关系能够限定企业的行为和过程。作为创新的关键环节，研发活动不可避免也受到网络嵌入的影响。从研发信息资源的角度来看，网络中汇聚创新资源，企业间通过网络实现资源优化配置与协同。占据核心位置的企业往往具有较丰富的视野，能够更好地了解竞争对手的优劣势、研发的风险、项目的可行性和成长性，从而拥有支持研发决策的信息资源优势。企业拥有数量多且质量好的网络关系时能获取更多关于创新决策的异质性和非冗余的关键性资源，而企业掌握的资源直接影响创新活动的决策。

12.1.2 知识搜索与企业研发投入

企业通过与高校、科研机构建立高质量的社会网络关系，搜索到最新的隐性知识和技术，并能吸收利用（Vanwijk et al.，2012），率先进行研发创新。本地搜索成本相对更低，侧重市场化的知识，企业更易理解和整合这些知识（Funk R J，2014），多数企业倾向于开展本地搜索。但是，如果仅开展本地搜索，企业搜索到的更多是行业内大部分企业已经熟知的知识，难以获得更多有用信息，企业难以意识到技术动荡性的变化，因此可能导致创新短视。

搜索广度强调企业外部知识来源和搜索渠道的多样性、新颖性，为企业开展产品研发提供源源不断的动力（Shropshire C，2010）。当企业与其他网络成员联系频繁且稳定时，适合开展深度搜索，深度搜索得到的隐性知识不易被竞争对手模仿（Vanwijk et al.，2012），因此，企业趋于抢先进行研发以提高自身竞争优势。深度搜索的本质是注重对现有知识的深度利用，降低搜索到的知识的冗余性，有效地利用搜索资源，从而有效地减少知识搜索成本（Li Q，Smith K E N G，2013）。但是，深度搜索往往难以摆脱"技术困境"，由于企业仅限定于现有业务领域的技术改造，从而无法广泛地开展研发活动。

12.1.3 网络惯例与企业研发投入

低程度网络惯例下的合作行为能够维持网络的平衡状态，避免企业之间的投机和不信任行为，而高层次的网络惯例能够促进企业的技术变革。因此，网络惯例能够维持网络的稳定运行、协调组织关系、促进组织间的合作交流、减少企业间冲突、推进组织间知识共享行为等（Brian T et al.，2012）。由于网络惯例下企业之间的合作交流按既定模式，因此网络成员之间更清楚对方拥有资源的种类和价值，因而在知识搜索时明确搜索方向和搜索重点，这将降低知识搜索成本和内化成本，提高知识搜索效益。萨卡—赫尔姆霍特（Saka-Helmhout，2010）的研究发现，稳定的网络惯例模式能够提高企业间知识转移效率，从而提高了知识搜索的效率。当企业之间不存在或者存在较弱的网络惯例时，企业之间的不信任行为和矛盾冲突增多，网络运行不稳定，导致企业搜索知识的活动受阻（孙永磊等，2014）。

基于以上分析，本章研究认为，网络嵌入情境下驱动企业创新是网络特征、知识搜索和网络惯例等多因素共同作用的过程。根据知识搜索策略和知识搜索方式这两个不同的维度，本章研究分别构建网络嵌入情境下的企业创新活动驱动机制模型（如图12-1所示）。

12.2 研究设计

12.2.1 数据收集

产业集群是由地理距离临近的企业或者组织机构聚集在一起，这些企业或

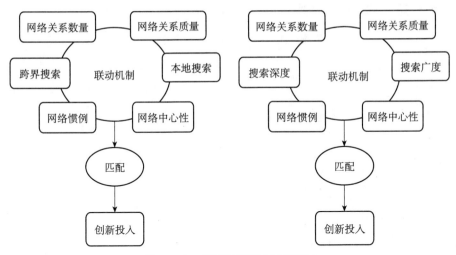

图 12 - 1　创新活动驱动机制模型

机构之间由于合作关系形成了合作与创新的网络。产业集群具有较显著的网络嵌入性特征，各主体之间为实现创新存在广泛的知识搜索行为，网络惯例又是组织之间重要的治理机制，因此，以产业集群为数据收集的对象符合本章研究的需要。

　　本章研究问卷调查的对象是福建省内具备产品、工艺创新能力的集群企业，包括宁德电机电器产业基地、莆田涵江高新区汽车产业集群、永荣新材料化工新材料产业集群、友达光电产业集群等多个主业突出、特色鲜明、成长性好的产业集群产业。为了获得可靠数据，问卷发放对象为企业技术资深人员和研发部门主管，这两类人员对企业创新情况把握较为全面。本次调研发放问卷 250 份，回收 185 份，其中有效问卷 172 份，问卷回收率为 74%，有效回收率为 68.8%，符合本章研究的数据要求。

12.2.2　变量测量与检验

　　设计测量题项时参考国内外已经成熟并广泛使用的量表，并根据实际调查对象进行适当修改。本章研究题项均采用李克特 5 级量表，1 表示非常不赞同，5 表示非常赞同。本章研究的变量题项参考依据见表 12 - 1，本章研究的变量测量包括网络嵌入性、知识搜索、网络惯例和研发投入。关于变量题项获得数据的处理，本章研究按照每个变量对应题项取均值来度量变量的最终取值，该做法是为后续 faQCA3.0 软件进行数据校准前进行的预处理。

表 12-1　　　各变量测量题项的信度检验与探索性因子分析

变量	测量维度	测量题项	量表来源	信度检验 Cronbach's α	探索性因子分析 因子载荷	KMO 值
网络关系数量	RN1	与本企业有直接联系的供应链上下游及同行企业数量	Tiwana 等	0.772	0.861	0.735
	RN2	与本企业有直接联系的高校科研机构的数量			0.881	
	RN3	与本企业有直接联系的创新中介机构等的数量			0.724	
网络关系质量	RQ1	与本企业有直接联系的供应链上下游关系的稳定程度		0.751	0.836	
	RQ2	与本企业有直接联系的高校科研机构关系的稳定程度			0.789	
	RQ3	与本企业有直接联系的创新中介机构关系的稳定程度			0.827	
网络中心性	NC1	其他企业与本企业进行知识、技术交流的愿望非常强烈	Bonacich (1987)、戴勇等 (2018)	0.873	0.919	0.831
	NC2	本企业的知识和技术在创新网络中的知名度			0.928	
	NC3	本企业在与合作企业研发目标的一致性程度			0.915	
网络惯例	NR1	企业与合作伙伴往来过程中具有很强的默契	孙永磊等 (2013)	0.801	0.821	
	NR2	企业与合作伙伴多年往来过程中，形成了可以遵循的规范化流程			0.831	
	NR3	企业在做决策时能考虑以往合作时相似问题的解决办法			0.714	
跨界搜索	AS1	本企业与高校联合培养人才	肖丁丁等 (2016)	0.838	0.911	0.786
	AS2	本企业向研究机构咨询技术趋势			0.800	
	AS3	本企业关注技术标准、专利信息			0.892	
本地搜索	LS1	本企业及时跟踪供应商信息		0.880	0.881	
	LS2	本企业关注竞争者战略变化			0.906	
	LS3	本企业吸纳行业协会/商会信息			0.905	

续表

变量	测量维度	测量题项	量表来源	信度检验	探索性因子分析	
				Cronbach's α	因子载荷	KMO 值
搜索广度	SW1	本企业从供应链上下游企业获取创新知识	苏道明等 (2017)	0.771	0.813	0.780
	SW2	本企业从高校科研机构获取创新知识			0.738	
	SW3	本企业从创新中介机构获取创新知识			0.716	
搜索深度	SD1	本企业密集使用一些特定的搜索通道进行知识搜索		0.838	0.886	
	SD2	本企业深度搜索并利用研发、制造或营销等特定领域知识			0.821	
	SD3	本企业深度搜索并利用技术或管理等特定方面的知识			0.805	
研发投入	R&D1	近年来公司增加了基础研究、科研人才培养等方面的投入	李宇等 (2018)	0.858	0.904	0.730
	R&D2	近三年平均每年的研发支出占总收入的比重在增加			0.916	
	R&D3	近三年平均每年的技术人员人数在增加			0.868	

借助 SPSS18.0 软件对问卷数据进行可靠性检验，各变量的 Cronbach's α 值均大于 0.7（见表 12 - 1），对各变量进行探索性因子分析，得到网络嵌入性特征的 KMO 值为 0.735，知识搜索方式的 KMO 值为 0.786，知识搜索策略的 KMO 值 0.780，研发投入的 KMO 值为 0.730，所有变量的 Bartlett 检验 F 值均为 0.000，可以进一步做验证性因子分析。利用 LISREL8.70 对本章研究的观测变量与假设模型之间的拟合程度进行检验，数据结果见表 12 - 2。从数据结果可以看出，变量的各项测量指标符合结构效度要求，测量题项符合本章研究的研究需求。

表 12 - 2　　　　　　　　各变量测量题项的验证性因子分析

网络嵌入性特征—知识搜索方式—研发投入					网络嵌入性特征—知识搜索策略—研发投入				
变量	测量题项	非标准化路径系数	标准化路径系数	拟合指数	变量	测量题项	非标准化路径系数	标准化路径系数	拟合指数
网络关系数量	RN1	0.68	0.75	$\chi^2/df = 1.26$ RMSEA = 0.01 RMR = 0.049	网络关系数量	RN1	0.69	0.76	$\chi^2/df = 1.17$ RMSEA = 0.01 RMR = 0.047
	RN2	0.90	0.89			RN2	0.85	0.85	
	RN3	0.48	0.56			RN3	0.52	0.62	

网络嵌入性特征—知识搜索方式—研发投入					网络嵌入性特征—知识搜索策略—研发投入				
变量	测量题项	非标准化路径系数	标准化路径系数	拟合指数	变量	测量题项	非标准化路径系数	标准化路径系数	拟合指数
网络关系质量	RQ1	0.62	0.74		网络关系质量	RQ1	0.71	0.84	
	RQ2	0.71	0.71			RQ2	0.63	0.64	
	RQ3	0.58	0.69			RQ3	0.53	0.64	
网络中心性	NC1	0.27	0.86		网络中心性	NC1	0.27	0.86	
	NC2	0.52	0.91			NC2	0.50	0.89	
	NC3	0.56	0.87			NC3	0.57	0.89	
网络惯例	NR1	0.69	0.77	NFI = 0.96	网络惯例	NR1	0.71	0.78	NFI = 0.93
	NR2	0.71	0.71	CFI = 0.94		NR2	0.65	0.70	CFI = 0.95
	NR3	0.72	0.79	IFI = 0.94		NR3	0.62	0.82	IFI = 0.95
跨界搜索	AS1	1.03	0.93	GFI = 0.94	搜索广度	SW1	0.79	0.77	GFI = 0.94
	AS2	0.55	0.62	AGFI = 0.92		SW2	0.70	0.66	AGFI = 0.93
	AS3	0.95	0.84			SW3	0.71	0.78	
本地搜索	LS1	0.62	0.82		搜索深度	SD1	1.01	0.91	
	LS2	0.71	0.84			SD2	0.55	0.62	
	LS3	0.76	0.87			SD3	0.97	0.86	
研发投入	R&D1	0.51	0.87		研发投入	R&D1	0.52	0.87	
	R&D2	0.66	0.88			R&D2	0.65	0.88	
	R&D3	0.69	0.77			R&D3	0.70	0.77	

12.2.3 研究方法

网络嵌入情境下，企业创新决策活动受到网络成员的关系、知识搜索以及网络治理机制的共同影响。促进企业提升研发投入是一个多因素共同作用的过程，传统研究方法如统计分析和结构方程模型仅考虑两两变量之间的相关关系，难以解释企业加大研发投入的复杂前因，因此，有必要借助集合论思想深入探讨多个网络要素的联动对促进企业加大研发投入的复杂作用机制。

首先，模糊集定性比较分析是一种考虑多重因素之间相互作用并能揭开产生某个共同结果的多种路径的研究方法，与回归分析、典型相关分析等定量方法仅把每个因素看成是结果的前因因素不同，该方法对于各个前因变量与结果变量之间的关系没有很严格的限制，即不苛求纳入本章研究框架的前因变量与结果变量之间一定存在某个因果联系，可以揭示多个前因因素间的复杂关系对结果的影响（伯努瓦·里豪克斯，2017）。其次，模糊集定性比较分析方法以定性与定量相结合的方法超越传统研究仅进行定量研究的缺陷。定性方法体现在给各个变量赋值并按照集合逻辑运算方法计算出变量组合是否隶属于某个结果变量。定量方法体现在能为每个变量赋予 0~1 的数值以计算变量组合的隶属度分数。再次，模糊集定性比较分析方法能够分析出某个变量对于结果变量来说是充分条件、必要条件、充要条件或者都不存在，而传统方法仅能得出某个变量对结果变量来说是充分条件或者必要条件。最后，虽然传统研究在揭示变量之间相关关系上具有很强的解释力，但是多数情况下无法解析变量对结果存在作用的"黑箱"。因此，本章研究摒弃传统的只关注单个要素对企业研发投入影响的视角，从一个系统和全面的视角使用模糊集定性比较分析方法来探究多个网络特征要素如何共同影响企业研发投入。

由于 fsQCA3.0 软件分析需要的数据范围在 0~1，本调研以李克特五级量表获得的初始数据不符合 fsQCA 软件的操作要求，因此运用 Calibrate 函数（伯努瓦·里豪克斯，2017）将数据校准到 0~1，用以表示连续模糊集的隶属度。在软件计算的真值表中"1"表明完全隶属，"0.5"表明半隶属，"0"代表完全不隶属。变量测量题项得到的原始值为 1~5 的整数值，以网络关系质量的隶属度为例，分别将 1 校准为 0、将 2 校准为 0.25、将 3 校准为 0.5、将 4 校准为 0.75、将 5 校准为 1。1 代表关系质量高，0.5 代表关系质量中等，0 代表关系质量低。特别地，当数据校准后的值为 0.5 时，为了避免数据的隶属分界不明确，本章研究根据菲斯（Fiss，2011）的建议，将其调整为 0.51。但在实际做法中，由于每个变量均由三个测量题项取均值作为最终得分，因此校准前的数据取值包括 1~5 的小数，如 1.33333 和 3.66667 等，在 Calibrate 函数（伯努瓦·里豪克斯，2017）中设置三个锚点（5 代表完全隶属的原始数值，3 代表半隶属的数值，1 代表完全不隶属的数值）后，在 fsQCA3.0 软件中运行校准程序自动将本章研究处理后的均值数据转化成 0~1 的数值，如将 1.33333 校准为 0.08，将 3.66667 校准为 0.73，软件将校准后的数值默认为两位小数，以便后续真值表计算。

12.2.4　软件操作过程

第一步，数据校准。由于 fsQCA 软件分析需要的数据范围在 0~1，本调研以李克特五级量表获得的初始数据不符合fsQCA软件的操作要求，因此运用Calibrate函数（伯努瓦·里豪克斯，2017）将数据校准到0~1，用以表示连续模糊集的隶属度。完成数据校准后，利用fsQCA3.0软件以真值表法运行数据，探究影响企业提升R&D的多重路径。

第二步，软件构建真值表将因果条件组合与案例数一一对应。

第三步，设置合适的频数阈值和一致性分数阈值以筛选与结果相关的条件变量组合。由于案例是在条件组合的隶属度大于0.5的情况时在真值表中出现，设置阈值以筛选与结果相关的组合，通常设置的频数阈值为1，一致性分数阈值为0.8，为了筛选到更严格符合的条件组合，本章研究设置的频数阈值为1，一致性阈值为0.9。

第四步，按照标准分析（standard analysis）程序将得出三种方案：复杂方案、简约方案和中间方案。简约方案反映结果变量的核心条件变量，中间方案反映结果变量的辅助条件变量（Fiss，2011），因此本章研究在分析时结合简约方案与中间方案。

12.3　数据分析结果

本章研究基于知识搜索方式和搜索策略分别构建研究模型，模型一考虑网络成员间关系、网络惯例与知识搜索方式对企业研发投入的影响；模型二考虑网络成员间关系、网络惯例与知识搜索策略对企业研发投入的影响，在此基础上，运用模糊集定性比较分析方法分别找到影响企业加大研发投入的构型（见表12-3和表12-4）。

表12-3　　　　以知识搜索方式促进企业提升研发投入的路径组合

前因变量	研发投入			
	构型 La		构型 Lb	
	构型 La1	构型 La2	构型 Lb1	构型 Lb2
网络关系数量	✖	✖	●	●
网络关系质量	●	●	×	●
网络中心性	⬤	⬤	⬤	⬤
网络惯例	●	●	✖	●

续表

前因变量	研发投入			
	构型 La		构型 Lb	
	构型 La1	构型 La2	构型 Lb1	构型 Lb2
跨界搜索	✖		●	●
本地搜索	●	●	×	●
Consistency	0.93	0.92	0.91	0.93
Raw coverage	0.53	0.54	0.39	0.44
Unique coverage	0.02	0.01	0.03	0.04
Solution coverage	0.79			
Solution consistency	0.84			

注：●表示核心条件存在，✖表述核心条件不存在，•表示辅助条件存在，×表示辅助条件不存在。

表 12-4　　　　以知识搜索策略促进企业提升研发投入的路径组合

前因变量	研发投入（YFTR）			
	构型 Ha		构型 Hb	
	构型 Ha1	构型 Ha2	构型 Hb1	构型 Hb2
网络关系数量	×	×	●	●
网络关系质量	●	●	✖	●
网络中心性	●	●	●	●
网络惯例	●	●	✖	●
搜索广度	×	●	●	●
搜索深度	●	●	✖	●
Consistency	0.97	0.96	0.94	0.95
Raw coverage	0.41	0.43	0.33	0.43
Unique coverage	0.02	0.01	0.02	0.05
Solution coverage	0.76			
Solution consistency	0.85			

注：●表示核心条件存在，✖表述核心条件不存在，•表示辅助条件存在，×表示辅助条件不存在。

12.3.1　考虑知识搜索方式的构型

对172家企业数据进行真值表计算发现构型总体方案一致性分数为0.84，单个构型一致性分数均大于0.90，总体方案覆盖率达到0.79。研究发现了四种促进企业研发投入的构型，证明了构型视角下多网络要素联动所形成的"殊途同归"效应（见表12－3）。

在网络成员间关系、网络惯例和知识搜索方式多个因素的共同作用下，企业提升研发投入的路径主要有两类（如图12－2所示）：（1）强调网络关系质量、网络中心性、网络惯例和本地搜索的构型 La；（2）强调网络关系数量、网络中心性和跨界搜索的构型 Lb。我们注意到，网络中心性在两类构型中都作为核心因果条件存在。

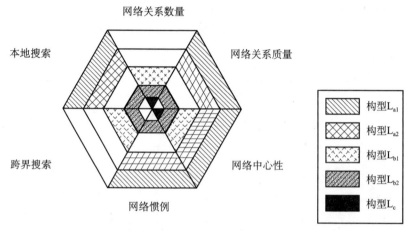

图12－2　以知识搜索方式促进企业提升研发投入的路径组合

构型 La 表明，网络关系质量、网络中心性、网络惯例和本地搜索是共同促进企业提升研发投入的充分条件组合。大多数企业倾向于在本地网络中与少数企业建立相对稳定的网络联系，由于本地网络内市场知识的搜索成本相对较低，更利于整合利用，因此其创新行为主要受到本地网络内与其有业务联系的少数企业的影响。当企业在网络中占据中心位置，此类企业能够获得有效的信息并且能控制资源和信息流向，由于网络惯例，网络中不确定因素减少，企业间的信任程度提高，企业搜索本地网络内的新知识时，搜索路径和方向明确，搜索效率提高，因此，这种组合条件下大多数企业易于加大研发投入以适应市场的竞争。

构型 La1 中，还存在网络关系数量和跨界搜索作为核心因果条件缺失的情况，一致性分数达到0.93，路径的净覆盖率达到0.02。当企业仅与少数企业建立强联结关系时，知识搜索渠道数目和类型相对较少，通常很难选择跨界搜索方式，因此本地搜索方式更适合其进行研发创新的需求。构型 La2 中网络关系数量作为核心因果条件缺失，跨界搜索在构型中出现与否的情况不明确。企业可以进行知识搜索的渠道明显缺少，减少了企业异质性知识的搜索途径，而研究表明企业的搜索渠道越广泛，企业越能拓宽异质性知识的搜索范围，研发创新的知识资源越丰富（王琳，魏江，2017），从而激发了企业积极投入创新资金与人力、物质资源。从表 12-3 可以看出，构型 La2 的路径一致性分数以及净覆盖率比较接近构型 La1，由此得知跨界搜索在这类构型中的影响作用不大，因此说明当企业维持较少的网络强关系并占据中心位置时，本地搜索方式更能够促进企业研发投入的提升效应。

构型 Lb 表明，网络关系数量、网络中心性和跨界搜索是促进企业提升研发投入的充分条件组合。当企业在网络中拥有的联系较广并居于中心地位时，其接触的知识源种类更多，可能与不同领域的企业或创新机构产生业务往来，因此企业更容易进行跨界搜索。跨界搜索不仅满足企业创新对资源丰富度的需求，更重要的是帮助企业掌握最新网络信息，率先更新知识库。由此得知，跨界搜索能够激发企业率先进行创新的动机，从而使企业可能做出增加研发投入的决策。从表 12-3 可以看出，这类构型达到比构型 La 更大的净覆盖率，说明更多企业在这类构型指导下做研发投入的决策。

构型 Lb1 中，网络关系质量、本地搜索作为辅助因果条件在构型中缺失，网络惯例作为核心因果条件在构型中缺失。具体来说，企业在网络中建立广泛的网络弱联结关系则是为了丰富性的异质性资源的获取，因此利用本地搜索方式搜索到的知识多是已经熟知的，难以跟上外界环境的变化，可能导致短视的创新活动，不利于企业保持长期的创新积极性（Funk R J，2014）。网络惯例在网络中维持稳定性的作用可能会导致组织僵化，降低异质性资源的获取，甚至是知识的高度同质性（孙永磊等，2014）。因此，这种注重建立多样化网络弱联系的企业，在网络中居于中心地位时，企业通过跨界搜索能够避免本地搜索资源的重复性和刚性，并保持对环境动荡变化的敏感性，及时把握市场动态，做出创新决策。构型 Lb2 中，辅助因果条件存在与缺失的情况与构型 Lb1 相反，网络惯例作为辅助因果条件在构型中存在。具体而言，当企业建立起更稳定的多样化联系时，在网络惯例模式下进行知识搜索，网络中可能传递高质量可靠的知识（Saka A-Helmhout A，2010）。企业在跨界搜索和本地搜索方式的结合下不仅能满足创新知识来源丰富性的要求，也满足知识易于整合性的要求，因此更利于企业开展创新，这种路径的净覆盖率比构型 Lb1 更大，也说明采用这种路径实现研发投入提升的企业数量更多。

12.3.2 考虑知识搜索策略的构型

通过对收集到的172家企业数据进行真值表计算，得到的构型见表12-4，总体方案一致性分数为0.85，单个构型一致性分数大于0.90，总体方案覆盖率达到0.76。研究发现了4种提升研发投入的组合构型（见表12-4），并按照共同的因果条件组合对构型进行分类。在网络成员间关系、网络惯例和知识搜索策略多个因素的共同作用下，企业提升研发投入的路径主要有两类（如图12-3所示）：（1）强调网络关系质量、网络中心性、网络惯例和搜索深度的构型Ha；（2）强调网络关系数量、网络中心性和搜索广度的构型Hb。我们注意到，网络中心性在两类构型中都作为核心因果条件存在。

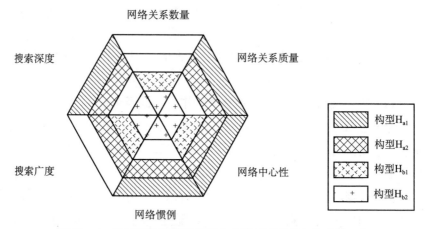

图12-3 以知识搜索策略促进企业提升研发投入的路径组合

构型Ha表明，网络关系质量、网络中心性、网络惯例和搜索深度是共同促进企业提升研发投入的充分条件组合。当企业在网络中与少数企业建立相对稳定的网络联系时，为了减少在知识搜索上花费的成本，企业选择深度搜索现有的知识获取渠道。在网络惯例模式下，较高的企业间信任程度保证知识转移的质量更高，且深度搜索得到的隐性知识不易被竞争对手模仿（Vanwijk R et al.，2012），因此企业能够率先在新领域进行研发创新，从而可能激发企业提升研发投入。

构型Ha1中，还存在网络关系数量和搜索广度作为辅助因果条件缺失的情况，路径的净覆盖率达到0.02。当企业与少数企业建立稳定联系时，知识来源广度小，因此深入挖掘现有知识以充足和创造新知识，不但能避免盲目搜索导致企业创新注意力分散，还能节省搜索成本，也能够满足企业的创新需求。构型 Ha2 中，网络关系数量作为辅助因果条件缺失，搜索广度作为辅助因果条件存在，但是路径净覆盖率没有增加。由此发现，在这种情况下，企业扩大搜索范围对研发投入没有刺激性。这可能是因为盲目扩大知识搜索范围可能导致企业现有资源分配不合理，即使搜索到多元化的知识也可能与现有业务领域差距较大（Zang J J et al.，2014）无法快速得到运用，反而造成资源的浪费，因此这种路径下搜索广度对研发投入没有明显促进作用。

构型 Hb 表明，网络关系数量、网络中心性和搜索广度是促进企业提升研发投入的充分条件组合。当企业倾向于与多数企业建立网络弱联系时，核心企业的知识来源渠道广，拓宽了企业知识搜索的广度，研究表明广度搜索为企业带来多样性和新颖性的知识，为企业开展产品研发提供源源不断的动力（Shropshire C，2010）。因此，从创新驱动力的角度来看，搜索广度能够驱动企业创新。

构型 Hb1 中，网络关系质量、网络惯例、搜索深度作为核心因果条件在构型中缺失。具体来说，企业在网络中建立广泛的网络弱联结关系是为了获得大量异质性的资源，而深度搜索往往将企业"锁定"在现有业务领域，导致企业无法开展广泛的研发活动（Zang J J et al.，2014）。稳定型的网络惯例强调利用式学习方式，忽略对全新知识的追求，也不利于企业的创新活动。因此，这种注重建立多样化网络弱联系的企业，获得较高中心性时，企业通过扩大搜索广度能够为研发活动带来源源不断的知识来源。构型 Hb2 中，网络关系质量、网络惯例、搜索深度作为辅助因果条件在构型中出现。进一步分析，当企业拥有的网络联系既满足量的要求又满足质的要求时，往往也能在搜索策略的两个维度上同时满足，在适度的网络惯例作用下，网络内知识传播和交流更稳定，这种路径的净覆盖率在四种中达到最大，因此在本章研究涉及的企业对象中，采用这种构型提升研发投入的企业数目最多。

12.4　研究结论与讨论

本章研究基于网络嵌入性视角采用模糊集定性比较分析方法研究网络特征（网络关系数量和质量、网络中心性）、网络治理（网络惯例）以及网络成员间的活动（知识搜索方式和搜索策略）对企业研发投入的复杂作用机制。基于知识搜索方式和搜索策略分别构建研究模型，模型一考虑网络成员间关系、网络惯例与知识搜索方式对企业研发投入的影响；模型二考虑网络成员间关系、网络惯例与知识搜索策略对企业研发投入的影响。

（1）对模型一的分析共发现4条路径。构型La1和构型La2表明，只要企业在有着良好治理机制的网络内占有一定的网络中心性，当企业与少数网络成员建立稳定的网络联系时并进行本地知识搜索，就倾向于加大研发投入。对比构型La1和La2发现，不管跨界搜索出现与否，两个构型的一致性分数和覆盖率都比较接近，这说明La构型中跨界搜索对企业提升研发投入无明显作用。构型Lb1表明，只要企业在本地网络中占据较高中心地位并且拥有广泛的联结关系，当企业开展跨界知识搜索就可能加大研发投入；构型Lb2表明，当企业在有着良好治理机制的网络内占有一定的网络中心性，并且与其他成员建立广泛且稳定的网络联系时，企业通过跨界和本地知识搜索均能促进研发投入，这种构型的净覆盖率最高。

（2）对模型二的分析也发现4条路径。构型Ha1表明，只要企业在有着良好治理机制的网络内占有一定的网络中心性，当企业与少数成员建立稳定的网络联系并能够深度搜索知识时，就倾向于加大研发投入；构型Ha2表明，只要企业在有着良好治理机制的网络内占有一定的网络中心性，当企业与少数成员建立稳定的网络联系并且知识搜索有足够的深度和广度，就倾向于加大研发投入；构型Hb1表明，占据中心位置的企业在本地网络建立广泛的弱联系并且能够广泛搜索创新知识，也能加大研发投入；构型Hb2表明，当企业满足网络特征、网络治理机制以及知识搜索活动等所有前因条件时，企业明显加大研发投入，此构型路径覆盖率最高。

科技管理部门为促进企业加大研发投入，首先，应重视促进相关企业在网络中的中心地位，因为网络中心性在所有构型中是核心必要条件；其次，应注重建立多重网络关系和保证持久的网络联系，因为两个模型中均有超过40%的企业同时含有多重网络关系数量和高网络关系质量；最后，企业在不同网络关系嵌入性条件下应该选择合理的知识搜索方式和知识搜索策略。从构型中我们发现，当企业仅注重网络关系质量时，需要在网络惯例的治理下开展本地搜索和深度搜索。当企业仅注重建立更多网络联系时，可以在无网络惯例协调时开展跨界搜索和广度搜索。

本章研究发现了一些有意义的结论，但也存在一些问题。首先，研究数据来源于多个行业，未来研究中可以具体分析某个行业或者一些代表性企业，以此揭示特定行业或者代表性企业应该如何借助网络效应加大研发投入，这将使研究结论更具现实针对性；其次，本章研究没有考虑高层管理团队的创新偏好、环境动荡性等企业内外部因素对企业创新决策的影响，未来的研究可分析企业内外部因素和网络因素的综合作用对企业提升研发投入的作用，从而使得关于企业研发投入影响因素的研究成果更加系统。

12.5　本章小结

企业研发投入受到多种因素的影响，是企业管理者基于长、短期利益做出的关键决策之一。本章考虑网络嵌入情境，基于知识搜索方式和搜索策略分别建立了模型，运用模糊集定性比较分析方法分析网络特征、网络治理机制以及知识搜索活动等多个变量组合对企业研发投入的复杂作用机制。两个模型分别得到 4 条促进企业研发投入的路径，所得结论丰富了企业研发投入影响因素的研究成果，对促进企业提升研发投入具有重要的现实指导意义。

附录1　企业高管连锁网络关系图

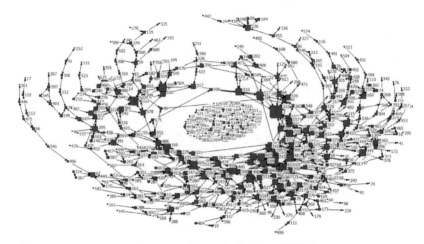

附图1　2015 年 613 家企业的网络联系

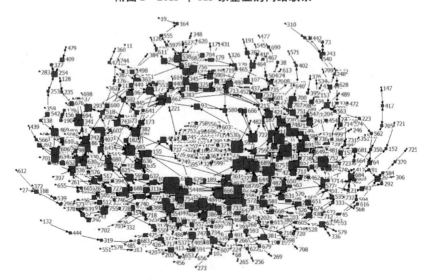

附图2　2016 年 759 家企业的网络联系

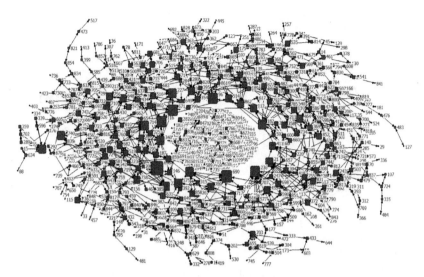

附图 3　2017 年 865 家企业的网络联系

附录 2　企业创新注意力文本分析的 Python 程序

```python
#! python3
# - * - coding：utf - 8 - * -
import re，os，jieba
import pandas as pd
fromsklearn. feature_ extraction. text import CountVectorizer
fromsklearn. feature_ extraction. text import TfidfTransformer
#读取文本名替换文本中的特殊的字符
defread_ text（path）：
    with open（path，encoding = " utf - 8"）as f：
        text = f. read（）
    p1 = re. compile（r"［a - zA - Z］+"）
    text = p1. sub（""，text）
    #需要删除的字符
    punctuation = '''、：√，-.□%0123456789 - 。），、（\ n " + _ _ _ ""'''
    for i in punctuation：
        #其余字符直接删除
        text = text. replace（i，""）
    return text
#用 jieba 分词
def jieba_ keywords（text）：
    keywords = jieba. cut（text）
    return " " . join（［x for x in keywords］）
    #计算 tf - idf 值
```

```
def tfidf_ keywords (text_ list):
    vectorizer = CountVectorizer ()
    x = vectorizer. fit_ transform (text_ list)
    word = vectorizer. get_ feature_ names ()
    print (word)
    # print (x. toarray ())
    transformer = TfidfTransformer ()
    tfidf = transformer. fit_ transform (x)
    # print (tfidf. toarray ())
    return word, tfidf. toarray ()
defget_ book_ list ():
    book_ list = []
    names = os. listdir (" txt_ data_ 2")
    for name in names:
        #txtname = " ./txt_ data/" + name
        #对应的文件和企业证券编码
        txtnames = os. listdir (" ./txt_ data_ 2/" + name)
        for txt_ name in txtnames:
            if txt_ name. endswith (" . txt"):
                txt_ path = " ./txt_ data_ 2/" + name + " /" + txt_ name
                book_ list. append (txt_ path)
    returnbook_ list
def main ():
    text_ list = []
    name_ list = []
    for path inget_ book_ list ():
        print (path)
        name_ list. append (str (path. split (" /") [ -2]) +
":" + str (re. findall (r'\ d +', path. split (" /") [ -1]) [0]))
        text_ list. append (jieba_ keywords (read_ text (path)))
    words_ list, iftdf_ list = tfidf_ keywords (text_ list)
```

```python
    data = pd. DataFrame（iftdf_ list, columns = words_ list, index = name_ list）
                          # print（data）
            word = " 一流人才    不断创新等创新关键词"
                word_ list = word. split（" \ t"）
        new_ data = pd. DataFrame（index = name_ list）
                  for w in word_ list：
                            try：
                new_ data［w］ = data［w］
                          except：
    new_ data［w］ = ［" "］ * len（new_ data）
              # print（"% s 没有"% w）
                  print（new_ data）
            new_ data. to_ excel（" ret2. xlsx"）
            if_ name_ = =" _ main_ "：
                        main（）
```

附录3　调查问卷

尊敬的先生/女士：

您好！感谢您在百忙中抽出时间填写此份问卷。

本调查的目的旨在考察福建省产业集群网络内部创新网络成员的联系情况、企业的知识管理情况、网络发展情况以及各个企业对研发投入的重视程度，所得数据用于研究产业集群网络嵌入性对企业研发投入作用机制研究，您的回答对于我们得出正确的结论十分重要，希望能得到您的配合和支持，在此感谢您的热心帮助！

填写说明：请在"□"中打"√"；$\boxed{1\ 2\ 3\ 4\ 5}$ 在选择某个数字时画"○"（数字1，2，3，4，5代表符合程度。数字越小，表示越不符合；数字越大，表示越符合），选择时只能圈住一个数字，请圈画清晰。

第一部分：企业背景

1. 您在贵公司的职位。

□ 高层管理者　□ 中层管理者　□ 基层管理者　□ 其他

2. 贵公司所属行业。

□ 高新技术产业（电子信息技术、软件、新能源、新材料、生物制药等）

□ 制造业（化工、食品、纺织、机械制造等）

□ 金融/服务业（银行、酒店、物流等）

□ 其他行业

3. 企业规模人数。

□ 50 人以下　□ 50～100 人　□ 101～500 人　□ 501～1000 人

□ 1000 人以上

4. 企业年龄。

□ 1~5年   □ 6~10年   □ 11~15年   □ 16~20年   □ 20年以上

5. 企业的目前销售额。

□ 3000万元以下   □ 3000万~1亿元   □ 1亿~2亿元   □ 2亿~3亿元

□ 3亿元以上

第二部分：问卷正文

6. 其他企业与本企业进行知识、技术交流的愿望非常强烈。

完全不符 | 1 | 2 | 3 | 4 | 5 | 完全相符

7. 本企业的知识和技术在创新网络中的知名度。

完全不符 | 1 | 2 | 3 | 4 | 5 | 完全相符

8. 本企业与合作企业研发目标的一致性程度。

完全不符 | 1 | 2 | 3 | 4 | 5 | 完全相符

9. 本企业联系的供应链上下游及同行企业数量。

□ 10个以下   □ 10~20个   □ 21~30个   □ 31~40个   □ 40个以上

10. 本企业联系的高校与科研机构数量。

□ 0个   □ 1~3个   □ 4~6个   □ 7~10个   □ 10个以上

11. 本企业联系的创新中介机构的数量。

□ 0个   □ 1~3个   □ 4~6个   □ 7~10个   □ 10个以上

12. 与本企业有直接联系的供应链上下游及同行企业关系的稳定程度。

完全不符 | 1 | 2 | 3 | 4 | 5 | 完全相符

13. 与本企业有直接联系的高校科研机构关系的稳定程度。

完全不符 | 1 | 2 | 3 | 4 | 5 | 完全相符

14. 与本企业有直接联系的创新中介机构关系的稳定程度。

完全不符 | 1 | 2 | 3 | 4 | 5 | 完全相符

15. 本企业在与合作伙伴往来过程中具有很强的默契。

完全不符 | 1 | 2 | 3 | 4 | 5 | 完全相符

16. 企业与合作伙伴多年往来过程中，形成了可以遵循的规范化流程。

完全不符 | 1 | 2 | 3 | 4 | 5 | 完全相符

17. 企业在做决策时能考虑到以往合作时相似问题的解决办法。

完全不符　1　2　3　4　5　完全相符

18. 本企业与高校联合培养人才。

完全不符　1　2　3　4　5　完全相符

19. 本企业向研究机构咨询技术趋势。

完全不符　1　2　3　4　5　完全相符

20. 本企业关注技术标准、专利信息。

完全不符　1　2　3　4　5　完全相符

21. 本企业及时跟踪供应商信息。

完全不符　1　2　3　4　5　完全相符

22. 本企业关注竞争者战略变化。

完全不符　1　2　3　4　5　完全相符

23. 本企业吸纳行业协会/商会信息。

完全不符　1　2　3　4　5　完全相符

24. 本企业从供应链上下游及同行企业获取创新知识。

完全不符　1　2　3　4　5　完全相符

25. 本企业从高校科研机构获取创新知识。

完全不符　1　2　3　4　5　完全相符

26. 本企业从创新中介机构等获取创新知识。

完全不符　1　2　3　4　5　完全相符

27. 本企业密集使用一些特定的搜索通道进行知识搜索。

完全不符　1　2　3　4　5　完全相符

28. 本企业深度搜索并利用研发、制造或营销等特定领域知识。

完全不符　1　2　3　4　5　完全相符

29. 本企业深度搜索并利用技术或管理等特定方面的知识。

完全不符　1　2　3　4　5　完全相符

30. 近年来公司增加了基础研究、科研人才培养等方面的投入。

完全不符　1　2　3　4　5　完全相符

31. 近三年平均每年的研发支出占总收入的比重在增加。

完全不符 | 1 | 2 | 3 | 4 | 5 | 完全相符

32. 近三年平均每年的技术人员人数在增加。

完全不符 | 1 | 2 | 3 | 4 | 5 | 完全相符

参考文献

［1］埃莉诺·奥斯特罗姆. 公共事物的治理之道——集体行动制度的演进 ［M］. 上海：上海译文出版社，2000.

［2］安同良，周绍东，皮建才. R&D 补贴对中国企业自主创新的激励效应 ［J］. 经济研究，2009，44（10）：87－98，120.

［3］伯努瓦·里豪克斯. QCA 设计原理与应用超越定性与定量研究的新方法 ［M］. 北京：机械工业出版社，2017.

［4］蔡彬清，陈国宏. 链式产业集群网络关系、组织学习与创新绩效研究 ［J］. 研究与发展管理，2013（4）：126－133.

［5］曹阳，易其其. 政府补助对企业研发投入与绩效的影响——基于生物医药制造业的实证研究 ［J］. 科技管理研究，2018，38（1）：40－46.

［6］陈佳贵. 关于企业生命周期与企业蜕变的探讨 ［J］. 中国工业经济，1995（11）：5－13.

［7］陈爽英，井润田，龙小宁，邵云飞. 民营企业家社会关系资本对创新投资决策影响的实证研究 ［J］. 管理世界，2010（1）：88－97.

［8］陈艳，于洪鉴，王发理. 公司生命周期、CEO 权力与现金股利决策 ［J］. 东南大学学报（哲学社会科学版），2017（6）：63－74.

［9］陈运森，郑登津. 董事网络关系、信息桥与投资趋同 ［J］. 南开管理评论，2017，20（3）：159－171.

［10］程华，张志英. 政府补贴对纺织企业研发投入的影响 ［J］. 研究与发展管理，2020，32（1）：38－49.

［11］程跃. 协同创新网络成员关系对企业协同创新绩效的影响——以生物制药产业为例 ［J］. 技术经济，2017，36（7）：22－28，133.

[12] 崔也光，唐玮．生命周期对 R&D 投入的影响——基于创新驱动视角 [J]．中央财经大学学报，2015（9）：46－54．

[13] 戴勇，朱桂龙，刘荣芳．集群网络结构与技术创新绩效关系研究：吸收能力是中介变量吗？[J]．科技进步与对策，2018，35（9）：16－22．

[14] 邓若冰，吴福象．研发模式、技术溢出与政府最优补贴强度 [J]．科学学研究，2017，35（6）：842－852．

[15] 丁道韧，陈万明．知识网络结构维对于创新绩效的作用机制——远程创新搜寻的中介作用 [J]．管理现代化，2016，36（3）：70－72．

[16] 丁明智，张浩．损失规避视角下核心高管权力对研发投资的影响——基于高技术企业数据 [J]．经济与管理，2019，033（1）：69－74．

[17] 杜俊枢，彭纪生，涂海银．开放式情境下创新搜索、网络能力与创新绩效关系研究——来自江浙沪地区制造企业的问卷调查 [J]．科技进步与对策，2018，35（18）：98－104．

[18] 杜运周，贾良定．组态视角与定性比较分析（QCA）：管理学研究的一条新道路 [J]．管理世界，2017（6）：155－167．

[19] 高松，刘建国，王莹．科技型中小企业生命周期划分标准定量化研究——基于上海市科技型中小企业的实证分析 [J]．科学管理研究，2011，29（2）：107－111．

[20] 谷丰，张林，张凤元．生命周期、高管薪酬激励与企业创新投资——来自创业板上市公司的经验证据 [J]．中南财经政法大学学报，2018（1）：146－156．

[21] 郭葆春，刘艳．高管团队垂直对异质性与 R&D 投资行为研究——基于生物医药行业的实证分析 [J]．科技管理研究，2015，（21）：35－40．

[22] 郭韬，张亚会，刘洪德．企业家背景特征对创业企业技术能力的影响——创新关注的中介作用 [J]．科技进步与对策，2018，35（8）：143－148．

[23] 郭迎锋，顾炜宇，乌天玥．政府资助对企业 R&D 投入的影响——来自我国大中型工业企业的证据 [J]．中国软科学，2016（3）：162－174．

[24] 郭玥．政府创新补助的信号传递机制与企业创新 [J]．中国工业经济，2018（9）：98－116．

[25] 韩洁，田高良，李留闯．连锁董事与社会责任报告披露：基于组织间模仿视角管理科学 [J]．管理科学，2015，028（1）：18－31．

［26］韩寅．技术创新的市场失灵机制以及政府作用［J］．技术经济与管理研究，2015，4：48－52.

［27］侯巧铭，宋力，蒋亚朋．管理者行为、企业生命周期与非效率投资［J］．会计研究，2017（3）：61－67，95.

［28］胡保亮，方刚．网络位置、知识搜索与创新绩效的关系研究——基于全球制造网络与本地集群网络集成的观点［J］．科研管理，2013（11）：18－26.

［29］胡文安，罗瑾琏，钟竞．双元创新搜索视角下组织创新绩效的提升路径研究：领导行为的触发作用［J］．科学学与科学技术管理，2017，38（4）：60－72.

［30］黄宏斌，翟淑萍，陈静楠．企业生命周期、融资方式与融资约束——基于投资者情绪调节效应的研究［J］．金融研究，2016（7）：96－112.

［31］黄嫚丽，张明，皮圣雷，陆诗夏．中国企业逆向跨国并购整合组态与并购整合绩效关系研究［J］．管理学报，2019，16（5）：656－664.

［32］贾慧英，王宗军，曹祖毅．研发投入跳跃与组织绩效：环境动态性和吸收能力的调节效应［J］．南开管理评论，2018，120（3）：132－143.

［33］姜付秀，王运通，田园等．多个大股东与企业融资约束——基于文本分析的经验证据［J］．管理世界，2017，12：61－74.

［34］解维敏，魏化倩．市场竞争、组织冗余与企业研发投入［J］．中国软科学，2016（8）：102－111.

［35］解学梅，戴智华，刘丝雨．高新技术企业科技研发投入与新产品创新绩效——基于面板数据的比较研究［J］．工业工程与管理，2013，18（3）：92－96.

［36］康宁．经济政策不确定下连锁董事网络与高科技企业创新投入关系研究［D］．哈尔滨：哈尔滨工业大学，2019.

［37］雷根强，郭玥．高新技术企业被认定后企业创新能力提升了吗？——来自中国上市公司的经验证据［J］．财政研究，2018，（9）：32－47.

［38］李纲，陈静静，杨雪．网络能力、知识获取与企业服务创新绩效的关系研究——网络规模的调节作用［J］．管理评论，2017，29（2）：59－68，86.

［39］李浩田，周媛，王伟光．基于生命周期的创新型企业成长及政策研究［J］．科技与经济，2009，22（3）：7－10.

［40］李经路，宋玉禄．财税补助与研发投入：倒 U 型关系的检验［J］．会

计之友，2018，No.577（1）：69-73.

[41] 李玲，陈熙，张巍. 盈余波动性、高管激励与企业研发投入——基于创业板上市公司的经验数据 [J]. 会计之友，2019（1）：117-121.

[42] 李顺才，李伟，王苏丹. 企业家先验知识、创新认知与创新力关系研究——关于企业家创新行为的理论分析框架 [J]. 科学学与科学技术管理，2008，29（5）：174-178.

[43] 李维安. 创新激励还是税盾？——高新技术企业税收优惠研究 [J]. 科研管理，2016，37（11）：61-70.

[44] 李伟，余翔，蔡立胜. 政府科技投入、知识产权保护与企业研发投入 [J]. 科学学研究，2016，34（3）：357-365.

[45] 李香菊，杨欢. 产业异质性、税收激励与自主创新——中国战略性新兴产业A股上市公司实证研究 [J]. 科技进步与对策，2019，36（9）：60-68.

[46] 李业. 企业生命周期的修正模型及思考 [J]. 南方经济，2000（2）：47-50.

[47] 李宇，王佳，毛培培. 面向产业创新升级的企业规模质量：概念界定、量表开发及检验 [J]. 科研管理，2018，39（8）：1-10.

[48] 李云鹤，李湛，唐松莲. 企业生命周期、公司治理与公司资本配置效率 [J]. 南开管理评论，2011，14（3）：110-121.

[49] 梁莱歆，金杨，赵娜. 基于企业生命周期的R&D投入与企业绩效关系研究——来自上市公司经验数据 [J]. 科学学与科学技术管理，2010，31（12）：11-17，35.

[50] 林成. 从市场失灵到政府失灵：外部性理论及其政策的演进 [D]. 沈阳：辽宁大学，2007.

[51] 林乐，谢德仁. 分析师荐股更新利用管理层语调吗？——基于业绩说明会的文本分析 [J]. 管理世界，2017，11：125-45.

[52] 刘华. 企业集权度与企业绩效关系研究 [D]. 杭州：浙江大学，2002.

[53] 刘宁悦，杨洋. 机构投资者异质性与企业自主创新 [J]. 科学决策，2017（11）：54-77.

[54] 刘同新，杨翠红，房勇，张若兴. 基于用电特征单一视角数据的中小企业生命周期阶段识别 [J]. 技术经济，2019，38（4）：107-113.

［55］刘怡芳．我国政府 R&D 补贴对技术创新的影响研究［D］．长春：东北师范大学，2017.

［56］鲁晓东．出口转型升级：政府补贴是一项有效的政策吗？［J］．国际经贸探索，2015，31（10）：52 – 61.

［57］罗琦，李辉．企业生命周期、股利决策与投资效率［J］．经济评论，2015（2）：115 – 125.

［58］罗植．政府资助、企业研发投入和创新产出——基于北京工业企业的门槛回归分析［J］．中国流通经济，2018.

［59］吕久琴，郁丹丹．政府科研创新补助与企业研发投入：挤出、替代还是激励？［J］．中国科技论坛，2011（8）：21 – 28.

［60］吕向龙．环境资源市场失灵与技术创新生态化转向研究［D］．长沙：湖南大学，2004.

［61］马富萍，郭晓川．高管团队异质性与技术创新绩效的关系研究——以高管团队行为整合为调节变量［J］．科学学与科学技术管理，2010，31（12）：186 – 191.

［62］梅胜军等．高管注意力配置对企业创新和财务绩效的影响机制研究［J］．经营与管理，2018（2）：59 – 64.

［63］孟庆玺，尹兴强，白俊．产业政策扶持激励了企业创新吗——基于"五年规划"变更的自然实验［J］．南方经济，2016（12）．

［64］彭华涛，谢小三，全吉．科技创业政策作用机理：政策连续性、稳定性及倍增效应视角［J］．科技进步与对策，2017，34（21）：88 – 94.

［65］钱锡红，杨永福，徐万里．企业网络位置、吸收能力与创新绩效——一个交互效应模型［J］．管理世界，2010（5）：118 – 129.

［66］乔瑞红，王伯娟．政府补助、盈余管理与研发投入——基于创业板上市公司的经验证据［J］．财会通讯，2017（12）：70 – 72.

［67］任海云，聂景春．企业异质性、政府补助与 R&D 投资［J］．科研管理，2018（6）：40 – 50.

［68］任海云，宋伟宸．企业异质性因素、研发费用加计扣除与 R&D 投入［J］．科学学研究，2017，35（8）：1232 – 1239.

［69］邵强，耿红悦．基于社会网络分析的石油企业协同创新网络研究——以 BE 石油企业为例［J］．科技管理研究，2017，37（7）：136 – 143.

[70] 施放, 朱吉铭. 创新网络、组织学习对创新绩效的影响研究——基于浙江省高新技术企业 [J]. 华东经济管理, 2015, 29 (10): 21-26.

[71] 石光. 企业创新与竞争环境之间的关系探讨 [J]. 商业时代, 2012 (5): 89-90.

[72] 石俊国, 陆子群, 陈彬. 政府补助、市场势力与企业创新 [J]. 软科学, 2019, 33 (11): 53-58.

[73] 史安娜, 李兆明, 黄永春. 工业企业研发活动与政府研发补贴理念转变——基于演化博弈视角 [J]. 中国科技论坛, 2013 (5): 12-17.

[74] 宋常, 刘司慧. 中国企业生命周期阶段划分及其度量研究 [J]. 商业研究, 2011 (1): 1-10.

[75] 宋来胜, 苏楠. 政府研发资助、企业研发投入与技术创新效率 [J]. 经济与管理, 2017 (6): 51-57.

[76] 苏丹. 高层管理团队特征与战略变革关系研究——以我国医药制造类上市公司为例 [D]. 成都: 西南财经大学, 2011.

[77] 苏道明, 吴宗法, 刘臣. 外部知识搜索及其二元效应对创新绩效的影响 [J]. 科学学与科学技术管理, 2017, 38 (8): 109-121.

[78] 孙慧, 王慧. 政府补贴、研发投入与企业创新绩效——基于创业板高新技术企业的实证研究 [J]. 科技管理研究, 2017 (12).

[79] 孙维章, 干胜道. IT行业中政府补助对研发与业绩的影响机制研究 [J]. 经济问题, 2014 (3): 83-88.

[80] 孙晓华, 郭旭, 王昀. 政府补贴、所有权性质与企业研发决策 [J]. 管理科学学报, 2017 (6): 22-35.

[81] 孙永磊, 党兴华, 宋晶. 基于网络惯例的双元能力对合作创新绩效的影响 [J]. 管理科学, 2014, 27 (2): 38-47.

[82] 孙永磊, 党兴华, 宋晶. 网络惯例形成的影响因素探索及实证研究 [J]. 科学学研究, 2014 (2): 267-275.

[83] 孙永磊, 党兴华. 基于知识权力的网络惯例形成研究 [J]. 科学学研究, 2013, 31 (9): 1372-1380.

[84] 汤颖梅, 王明玉. 政府研发补贴对高新技术企业研发支出的影响——基于企业生命周期理论 [J]. 企业经济, 2016, 35 (11): 73-78.

[85] 唐曼萍, 李后建. 企业规模、最低工资与研发投入 [J]. 研究与发展

管理，2019，31（1）：44－55.

［86］陶秋燕，李锐，王永贵．创新网络特征要素配置、环境动荡性与创新绩效关系研究——来自 QCA 的实证分析［J］．科技进步与对策，2016，33（18）：19－27.

［87］汪晓春．企业创新投资决策的资本结构条件［J］．中国工业经济，2002（10）：89－95.

［88］王菁．期望绩效反馈、政企关系与公司研发投资关系研究［J］．经济与管理，2019，33（1）：63－68.

［89］王丽颖．政府补助能否增加融资约束企业研发投入［D］．大连：东北财经大学，2015.

［90］王琳，魏江．知识密集服务嵌入、跨界搜索与制造企业服务创新关系研究［J］．科技进步与对策，2017，34（16）：48－55.

［91］王钦池．信号传递与信号均衡——关于信号理论的一个文献综述［J］．山西财经大学学报，2009，31（S2）：180.

［92］王薇，艾华．政府补助、研发投入与企业全要素生产率——基于创业板上市公司的实证分析［J］．中南财经政法大学学报，2018（5）.

［93］王燕妮．高管激励对研发投入的影响研究——基于我国制造业上市公司的实证检验［J］．科学学研究，2011，29（7）：1071－1078.

［94］王昀，孙晓华．加价能力、行业结构与企业研发投资——市场势力与技术创新关系的再检验［J］．科研管理，2018，39（6）：141－149.

［95］魏江，徐蕾．集群企业知识网络双重嵌入演进路径研究——以正泰集团为例［J］．经济地理，2011（2）：247－253

［96］温明月．政府研发补贴的连续性与企业研发投入——基于185家制造业上市公司的实证分析［J］．公共行政评论，2017，10（1）：116－140，208.

［97］吴枫韵，陈国宏，蔡猷花．产业集群网络、知识整合与创新绩效的关系研究［C］．中国管理科学学术年会，2011.

［98］吴建祖，曾宪聚，赵迎．高层管理团队注意力与企业创新战略——两职合一和组织冗余的调节作用［J］．科学学与科学技术管理，2016，37（5）：170－180.

［99］吴建祖，肖书锋．创新注意力转移、研发投入跳跃与企业绩效——来自中国 A 股上市公司的经验证据［J］．南开管理评论，2016，19（2）：

182 – 192.

[100] 吴美玉. 高管多职能背景、创新注意力与创新投资 [D]. 济南：山东师范大学，2019.

[101] 吴松强，蔡婷婷. 嵌入性创新网络与科技型小微企业创新绩效：网络能力中介效应研究 [J]. 科技进步与对策，2017，34（17）：99 – 105.

[102] 吴松强，苏思骐，沈忠芹等. 产业集群网络关系特征对产品创新绩效的影响——环境不确定性的调节效应 [J]. 外国经济与管理，2017，39（5）：46 – 57，72.

[103] 肖丁丁，朱桂龙. 跨界搜寻对组织双元能力影响的实证研究——基于创新能力结构视角 [J]. 科学学研究，2016（7）：1076 – 1085.

[104] 肖冬平，彭雪红. 组织知识网络结构特征、关系质量与创新能力关系的实证研究 [J]. 图书情报工作，2011，55（18）：107 – 111.

[105] 肖忠意，林琳. 企业金融化、生命周期与持续性创新——基于行业分类的实证研究 [J]. 财经研究，2019，45（8）：43 – 57.

[106] 谢永平，王晶. 技术不确定环境下联盟关系对创新绩效的影响研究 [J]. 科学学与科学技术管理，2017，38（5）：60 – 71.

[107] 谢子远，张浩飞，王佳，吴瑛，王敏杰，张海波. 中国高技术产业研发投入为何偏低：FDI 的视角 [J]. 科研管理，2017，38（11）：1 – 9.

[108] 谢宗杰. 知识异质性特征、研发投资策略与创新联盟稳定性 [J]. 外国经济与管 理，2015，37（8）：65 – 77.

[109] 辛德强，党兴华，魏龙. 双元导向创新独占机制、知识流动与联盟绩效 [J]. 科学学研究，2017，35（6）：931 – 939.

[110] 熊和平，杨伊君，周靓. 政府补助对不同生命周期企业 R&D 的影响 [J]. 科学学与科学技术管理，2016，37（9）：3 – 15.

[111] 熊捷，孙道银. 企业社会资本、技术知识获取与产品创新绩效关系研究 [J]. 管理评论，2017，29（5）：23 – 39.

[112] 徐凤敏，景奎，孙娟. 基于综合指标的 Logistic 中小企业生命周期研究 [J]. 管理学刊，2018，31（6）：41 – 51.

[113] 徐光华，吴佳慧. 薪酬业绩敏感性、企业生命周期与创新投入 [J]. 会计之友，2018（15）：108 – 112.

[114] 徐建中，李奉书，李丽，侯建. 企业外部关系质量对低碳技术创新的

影响：基于知识视角的研究［J］．中国软科学，2017（2）：183－192.

［115］徐建中，吕希琛．关系质量对制造企业团队创新绩效影响研究——业务转型外包情境视角［J］．科学学与科学技术管理，2014（9）：141－151.

［116］许春．中国企业非相关多元化与研发投入关系研究［J］．科研管理，2016，37（7）：62－70.

［117］许治，何悦，王晗．政府 R&D 资助与企业 R&D 行为的影响因素——基于系统动力学研究［J］．管理评论，2012，24（4）：67－75.

［118］闫妍，刘永慧，马啸来，张锦．基于政府补贴的城乡配送末端网点博弈分析［J］．工业工程与管理，2018，23（2）：130－137.

［119］严若森，华小丽，钱晶晶．组织冗余及产权性质调节作用下连锁董事网络对企业创新投入的影响研究［J］．管理学报，2018，15（2）：217－229.

［120］严若森，华小丽．环境不确定性、连锁董事网络位置与企业创新投入［J］．管理学报，2018，14（3）：373－381，432.

［121］严若森，钱晶晶．董事会资本、CEO 股权激励与企业 R&D 投入——基于中国 A 股高科技电子行业上市公司的经验证据［J］．经济管理，2016，38（7）：60－70.

［122］杨国超，刘静，廉鹏，芮萌．减税激励、研发操纵与研发绩效［J］．经济研究，2017，52（8）：110－124.

［123］杨隽萍，彭学兵，廖亭亭．网络异质性、知识异质性与新创企业创新［J］．情报科学，2015（4）：40－45.

［124］杨洋，魏江，罗来军．谁在利用政府补贴进行创新？——所有制和要素市场扭曲的联合调节效应［J］．管理世界，2015（1）：75－86，98，188.

［125］杨晔，王鹏，李怡虹．财政补贴对企业研发投入和绩效的影响研究——来自中国创业板上市公司的经验证据［J］．财经论丛，2015（1）.

［126］姚益龙，赵慧，王亮．企业生命周期与并购类型关系的实证研究——基于中国上市公司的经验研究［J］．中大管理研究，2009，4（4）：35－49.

［127］伊察克·爱迪思．企业生命周期［M］．北京：中国社会科学出版社，1997.

［128］尹志超，甘犁．信息不对称、企业异质性与信贷风险［J］．经济研究，2011，46（9）：121－132.

［129］余谦，吴旭，刘雅琴．生命周期视角下科技型中小企业的研发投入、

合作与创新产出 [J]. 软科学, 2018, 32 (6): 83－86.

[130] 喻青松, 舒建玲. 融资结构、政府补助与公司研发投入——基于门槛回归模型的研究 [J]. 南方金融, 2016 (1): 89－96.

[131] 袁建国, 程晨, 后青松. 环境不确定性与企业技术创新——基于中国上市公司的实证研究 [J]. 管理评论, 2015 (10): 60－69.

[132] 云乐鑫, 杨俊, 张玉利. 创业企业如何实现商业模式内容创新?——基于"网络—学习"双重机制的跨案例研究 [J]. 管理世界, 2017 (4): 119－137, 188.

[133] 伊查克·爱迪思. 企业生命周期 [M]. 北京: 中国社会科学出版社, 1997.

[134] 曾萍, 黄紫薇, 夏秀云. 外部网络对企业双元创新的影响: 制度环境与企业性质的调节作用 [J]. 研究与发展管理, 2017, 29 (5): 113－122.

[135] 曾志坚, 周星. 超额现金持有水平对企业价值的影响——基于企业生命周期视角的实证研究 [J]. 中央财经大学学报, 2015 (4): 107.

[136] 詹坤, 邵云飞, 唐小我. 联盟组合网络特征对创新能力影响的实证研究 [J]. 科学学研究, 2017, 35 (12): 1910－1920.

[137] 张彩江, 陈璐. 政府对企业创新的补助是越多越好吗? [J]. 科学学与科学技术管理, 2016, 37 (11): 11－19.

[138] 张丹, 郝蕊. 连锁董事网络能够促进企业技术创新绩效吗?——基于研发投入的中介效应研究 [J]. 科技管理研究, 2018, 38 (12): 183－191.

[139] 张红娟, 谭劲松. 联盟网络与企业创新绩效: 跨层次分析 [J]. 管理世界, 2014 (3): 163－169.

[140] 张辉, 刘佳颖, 何宗辉. 政府补贴对企业研发投入的影响——基于中国工业企业数据库的门槛分析 [J]. 经济学动态, 2016 (12): 30－40.

[141] 张明, 陈伟宏, 蓝海林. 中国企业"凭什么"完全并购境外高新技术企业——基于94个案例的模糊集定性比较分析 (fsQCA) [J]. 中国工业经济, 2019 (4): 117－135.

[142] 张硕, 赵息. 战略性新兴产业政府补助与研发投入产出研究 [J]. 天津大学学报 (社会科学版), 2018, 20 (6): 18－25.

[143] 张伟年. 企业家社会资本与创新战略选择关系的情境因素研究 [J]. 华东经济管理, 2015, 29 (9): 138－145.

［144］张祥建，郭岚．国外连锁董事网络研究述评与未来展望［J］．外国经济与管理 2014，36（5）：70－81．

［145］张悦，梁巧转，范培华．网络嵌入性与创新绩效的 Meta 分析［J］．科研管理，2016，37（11）：80－88．

［146］张振华．我国半导体显示产业财政补贴效应及研发效率研究［J］．工业技术经济，2020，39（2）：151－160．

［147］章新蓉，刘谊，陈煦江．基于生命周期的高新技术企业政府补贴时机抉择——政府补贴、融资约束与创新能力的调节效应［J］．企业经济，2019（1）：153－160．

［148］赵康生，谢识予．政府研发补贴对企业研发投入的影响——基于中国上市公司的实证研究［J］．世界经济文汇，2017（2）．

［149］赵炎，王燕妮．联盟网络内企业角色与创新能力的探析［J］．科研管理，2017，38（S1）：63－70．

［150］赵炎，王燕妮．越强越狭隘？企业间联盟创新网络的证据——基于资源特征与结构特征的视角［J］．科学学与科学技术管理，2017，38（5）：117－127．

［151］赵迎．高管团队职业背景、高管团队注意力与企业创新战略［D］．兰州大学，2014．

［152］郑方．治理与战略的双重嵌入性——基于连锁董事网络的研究［J］．中国工业经济，2011，（9）：108－118．

［153］郑江淮．企业家注意力配置与创新模式的决定［J］．外国经济与管理，2000（6）：18－24．

［154］周路路，李婷婷，李健．高管过度自信与创新可持续性的曲线关系研究［J］．科学学与科学技术管理，2017，38（7）：105－118．

［155］朱秀梅，费宇鹏．关系特征、资源获取与初创企业绩效关系实证研究［J］．南开管理评论，2010（3）：125－135．

［156］邹彩芬，刘双，王丽，谢琼．政府 R&D 补贴、企业研发实力及其行为效果研究［J］．工业技术经济，2013，32（10）：117－125．

［157］Abrahamson E，Hambrick D C. Attentional Homogeneity in Industries：The Effect of Discretion［J］. Journal of Organizational Behavior，1997，18（S1）：513－532．

[158] Ahuja G. Collaboration Networks, Structural Holes, and Innovation: A Longitudinal Study [J]. Administrative Science Quarterly, 2000, 45 (3): 425 – 455.

[159] Aldona Fraczkiewicz-Wronka, Karolina Szymaniec. Resource Based View and Resource Dependence Theory in Decision Making Process of Public Organisation-research findings [J]. Management, 2012, 16 (2).

[160] Anthony J H, Ramesh K. Association between Accounting Performance Measures and Stock Prices: A Test of the Life Cycle Hypothesis [J]. Journal of Accounting and Economics, 1992, 15 (2 – 3): 203 – 227.

[161] Balsmeier B, Buchwald A, Stiebale J. Outside Directors on the Board and Innovative Firm Performance [J]. Research Policy, 2014, 43 (10): 1800 – 1815.

[162] Bantel K A, Jackson S E. Top Management and Innovations in Banking: Does the Composition of the Top Team Make a Difference? [J]. Strategic Management Journal, 2010, 10 (S1): 107 – 124.

[163] Barney J. Firm Resources and Sustained Competitive Advantage [J]. Journal of Management, 1991, Vol. 17, 99 – 120.

[164] Battilana J, Casciaro T. Change Agents, Networks, and Institutions: A Contingency Theory of Organizational Change [J]. Academy of Management Journal, 2012, 55 (2): 381 – 398.

[165] Bell G G. Clusters, Networks, and Firm Innovativeness [J]. Strategic Management Journal, 2005, 26 (3): 287 – 295.

[166] Benjamin B, Achim B, Joel S. Outside Directors on the Board and Innovative Firm Performance [J]. Research Policy, 2014, 43 (10): 1800 – 1815.

[167] Benson J K. The Interorganizational Network as a Political Economy [J]. Administrative Science Quarterly, 1975, 20 (2): 229 – 249.

[168] Berger Wernerfelt. A Resource-based View of Firm [J]. Strategic Management Journal, 1984, 5 (2): 171 – 180.

[169] Black L. E, Life-Cycle Impacts on the Incremental Value Relevance of Earnings and Cash Flow Measures [J]. The Journal of Financial Statement Analysis, 2001 (6): 40 – 56.

[170] Blau P M. Inequality and Heterogeneity [M]. New York: Free Press, 1977.

[171] Boeing P. The Allocation and Effectiveness of China's R&D Subsidies-Evi-

dence from Listed Firms [J]. Research Policy, 2016, 45 (9): 1774 – 1789.

[172] Bonacich P. Power and Centrality: A Family of Measures [J]. The American Journal of Sociology, 1987, 2 (5): 1170.

[173] Brian T. Pentland M S F M C B, Peng Liu. Dynamics of Organizational Routines: A Generative Model [J]. Journal of Management Studies, 2012, 49 (8): 1484 – 1508.

[174] Buchanan J M. An Economic Theory of Clubs [J]. Economica, 1965, 32 (125): 1 – 14.

[175] Bunderson J S, Reagans R E. Power, Status, and Learning in Organizations [J]. Organization Science, 2011, 22 (5): 1182 – 1194.

[176] Burt R S. Structural Holes: The Social Structure of Competition [M]. Boston MA: Harvard University Press, 1992.

[177] Burt R S. Structural Holes and Good Ideas [J]. The American Journal of Sociology 2004, 110 (2): 349 – 399.

[178] Cailou J, Ying Z, Maoliang B. The Effectiveness of Government Subsidies on Manufacturing Innovation: Evidence from the New Energy Vehicle Industry in China [J]. Sustainability, 2018, 10 (6): 1692.

[179] Campello M, Giambona E, Graham J R et al. Liquidity Management and Corporate Investment During a Financial Crisis [J]. Review of Financial Studies, 2011, 24 (6): 1944 – 1979.

[180] Carmona-Lavado A, Cuevas-Rodriguez G, Cabello-Medina C. Social and Organizational Capital: Building the Context for Innovation [J]. Industrial Marketing Management, 2010, 39 (4): 681 – 690.

[181] Carpenter M A, Geletkanycz M A, Sanders W G. Upper Echelons Research Revisited: Antecedents, Elements, and Consequences of Top Management Team Composition [J]. Journal of Management, 2004, 30 (6): 749 – 778.

[182] Catozzella A, Vivarelli M. The possible Adverse Impact of Innovation Subsidies: Some Evidence from Italy [J]. International Entrepreneurship and Management Journal, 2016, 12 (2): 351 – 368.

[183] Chen J, Ouyang T H, Pan S L. The Role of Feedback in Changing Organizational Routine: A Case Study of Haier, China [J]. International Journal of Infor-

mation Management, 2013, 33 (6): 971 –974.

[184] Chen S, Miao B, Wu S, et al. How Does TMT Attention to Innovation of Chinese Firms Influence Firm Innovation Activities? A Study on the Moderating Role of Corporate Governance [J]. Journal of Business Research, 2015, 68 (5): 1127 –1135.

[185] Chiang Y H, Hung K P. Exploring Open Search Strategies and Perceived Innovation Performance from the Perspective of Inter-Organizational Knowledge Flows [J]. R&D Management, 2010, 40 (3): 292 –299.

[186] Clausen T H. Do Subsidies Have Positive Impacts on R&D and Innovation Activities at the Firm Level [J]. Structural Change and Economic Dynamics, 2009, 20 (4): 239 –253.

[187] Cohen W M, Levinthal D A. Absorptive Capacity: A New Perspective on Learning and Innovation [J]. Organizational Learning and Knowledge Management, 2008: 211 –235.

[188] Corradini C, Propris L D. Beyond Local Search: Bridging Platforms and Inter-Sectoral Technological Integration [J]. Research Policy, 2017, 46 (1): 196 –206.

[189] Dalziel T, Gentry R G, Michael Bowerman M. An Integrated Agency-Resource Dependence View of the Influence of Directors "Human and Relational Capital on Firms" R&D Spending [J]. Journal of Management Studies, 2011, 48 (6): 1217 –1242.

[190] Deangelo H, Deangelo L, Stulz, René M. Dividend Policy and the Earned/Contributed Capital Mix: A Test of the Lifecycle Theory [J]. Social Science Electronic Publishing, 2006, 81 (2): 227 –254.

[191] Deken F, Carlile P R, Berends H et al. Generating Novelty through Interdependent Routines: A Process Model of Routine Work [J]. Organization Science, 2016, 27 (3): 659 –677.

[192] Desiderio Romero-Jordán, María Jesús Delgado-Rodríguez, Inmaculada Álvarez-Ayuso. Assestment of the Public Tools Used to Promote R&D Investment in Spanish SMEs [J]. Small Business Economics, 2014, 43 (4): 959 –976.

[193] Dhanarag C, Parkhe A. Orchestrating Innovation Networks [J]. Academy of Management Review, 2006, 31 (3): 659 –669.

[194] Dickinson, Victoria. Cash Flow Patterns as a Proxy for Firm Life Cycle

[J]. The Accounting Review, 2011, 86 (6): 1969 – 1994.

[195] Dormann C F, Elith J, Bacher S, et al. Collinearity: A Review of Methods to Deal with It and a Simulation Study Evaluating Their Performance [J]. Ecography, 2013, 36 (1): 27 – 46.

[196] Edward Jones, Jo Danbolt. R&D Project Announcements and the Impact of Ownership Structure [J]. Applied Economics Letters, 2003, 10 (14).

[197] Eggers J P, Kaplan S. Cognition and Renewal: Comparing CEO and Organizational Effects on Incumbent Adaptation to Technical Change [J]. Organization Science, 2009, 20 (2): 461 – 477.

[198] Feldman M P, Kelley M R. The Ex Ante Assessment of Knowledge Spillovers: Government R&D Policy, Economic Incentives and Private Firm Behavior [J]. Research Policy, 2006, 35 (10): 0 – 1521.

[199] Finkelstein S, Hambrick D C. Strategic Leadership: Top Executives and Their Effects on Organizations [M]. St. Paul, MN: West Publishing Company, 1996.

[200] Finkelstein S, Peteraf M A. Managerial Activities: A Missing Link in Managerial Discretion Theory [J]. Strategic Organization, 2007, 5 (3): 237 – 248.

[201] Fiss P C. Building Better Causal Theories: A Fuzzy Set Approach to Typologies in Organization Research [J]. Academy of Management Journal, 2011, 54 (2): 393 – 420.

[202] Freel M S. Barriers to Product Innovation in Small Manufacturing Firms [J]. International Small Business Journal, 2000, 18 (2): 60 – 80.

[203] Friedman D. Evolutionary Games in Economics [J]. Econometrica: Journal of the Econometric Society, 1991: 59 (3): 637 – 666.

[204] Funk R J. Making the Most of Where You Are: Geography, Networks, and Innovation in Organizations [J]. Academy of Management Journal, 2014, 57 (1): 193 – 222.

[205] Gardner J W. How to Prevent Organizational Dry Rot [J]. Harper's Magazine, 1965.

[206] Geletkaycz M A, Hambrick D C. The External Ties of Top Executives: Implications for Strategic Choice and Performance [J]. Administrative Science Quarterly, 1997, 42 (4): 654 – 681.

［207］Gilsing V, Nooteboom B, Vanhaverbeke W etc. Network Embeddedness and the Exploration of Novel Technologies: Technological Distance, Betweenness Centrality and Density ［J］. Research Policy, 2008, 37 (10): 1717 – 1731.

［208］Gnyawali D R, Madhavan R. Cooperative Networks and Competitive Dynamics: A Structural Embeddedness Perspective ［J］. Academy of Management Review, 2001, 26 (3): 431 – 445.

［209］Gorg H, Strobl E. The Effect of R&D Subsidies on Private R&D ［J］. Economica, 2007, 74 (294): 215 – 234.

［210］Granovetter M. Economic Action and Social Structure: The Problem of Embeddedness ［J］. The American Journal of Sociology, 1985, 91 (3): 481.

［211］Guanming He. Fiscal Support and Earnings Management ［J］. International Journal of Accounting, 2016, 51 (1) .

［212］Guellec D, Van Pottelsberghe B. The Impact of Public R&D Expenditure on Business R&D ［J］. Ulb Institutional Repository, 2003, 12 (3): 225 – 243.

［213］Gulati R. Alliances and Networks ［J］. Strategic Management Journal, 1998, 19 (4): 293 – 317.

［214］Gulati R. Network Location and Learning: The Influence of Network Resources and Firm Capabilities on Alliance Formation ［J］. Strategic Management Journal, 1999, 20 (5): 397 – 420.

［215］Gardner J W. How to Prevent Organizational Dry Rot ［J］. Harper's Magazine, 1965.

［216］Halinen A, Tornroos J A, Elo M. Network Process Analysis: An Event-Based Approach to Study Business Network Dynamics ［J］. Industrial Marketing Management, 2013, 42 (8): 1213 – 1222.

［217］Hambrick D C, Mason P A. Upper Echelons: The Organization as a Reflection of Its Top Managers ［J］. Academy of Management Review, 1984, 9 (2): 193 – 206.

［218］Hamberg D. R&D: Essays on the Economics of Research and Development ［M］. New York: Random House, 1966.

［219］Hambrick D C, Finkels Tein S, Mooneya. Executive Job Demands: New Insights for Explaining Strategic Decisions and Leader Behaviors ［J］. Academy of

Management Review, 2005, 30 (3): 472 – 491.

[220] Hambrick D C, Finkelstein S. Managerial Discretion: A Bridge between Polar Views of Organizational Outcomes [C] // CUMMINGS LL, STRAW M. Greenwich, CT: JAI Press, 1987: 369 – 406.

[221] Hambrick D, Mason P. Upper Echelons: The Organization as a Reflection of Its Top Managers [J]. Academy of Management Review, 1984, 9 (2): 193 – 206.

[222] Haunschild P R, Beckman C M. When Do Interlocks Matter? Alternate Sources of Information and Interlock Influence [J]. Administrative Science Quarterly, 1998, 43 (4): 815 – 844.

[223] Hendry J. R. Stakeholder Influence Strategies: An Empirical Exploration [J]. Journal of Business Ethics, 2005, Vol. 61.

[224] Hill C W L, Snell S A. External Control, Corporate Strategy, and Firm Performance in Research Intensive Industries [J]. Strategic Management Journal, 2010, 9 (6): 577 – 590.

[225] Hogan R. Personality Psychology for Organizational Researchers [C] // Schneider B, Smith DB. Personality and Organizations. Mahwah, NJ: Erlbaum, 2004: 3 – 23.

[226] Hong-Tao S, Xiao-Shuo H. Research on the Interaction Effects among Government Subsidy, R&D Investment and Innovation Performance [J]. Studies in Science of Science, 2018.

[227] Hottenrott H, Richstein R. Start-up Subsidies: Does the Policy Instrument Matter? [J]. Research Policy, 2020, 49 (10).

[228] Hussinger K. R&D and Subsidies at the Firm Level: An Application of Parametric and Semiparametric Two-Step Selection Models [J]. Journal of Applied Econometrics, 2008, 23 (6): 729 – 747.

[229] Jansen, J J P, Van den Bosch F A J, Volberda H. W. Exploratory Innovation, Exploitative Innovation, and Performance: Effects of Organizational Antecedents and Environmental Moderators [J]. Management Science, 2006, 52 (11): 1661 – 1674.

[230] Jones E, Danbolt J. R&D Project Announcements and the Impact of Ownership Structure [J]. Applied Economics Letters, 2003, 10 (14).

[231] Jun W. The Experiential Study on the Impact of Government R&D Subsidies

on the Business R&D Input and Innovation Output ［J］. Studies in Science of Science, 2010.

［232］ Justin Tan, Mike W. Peng. Organizational Slack and Firm Performance during Economic Transitions: Two Studies from an Emerging Economy ［J］. Strategic Management Journal, 2003, 24 (13): 1249 – 1263.

［233］ Thomas A B. Does Leadership Make a Difference to Organizational Performance? ［J］. Administrative Science Quarterly, 1988, 33 (3): 388 – 400.

［234］ Kammer lander N, Ganter M. An Attention-Based View of Family Firm Adaptation to Discontinuous Technological Change: Exploring the Role of Family CEOs' Noneconomic Goals ［J］. Journal of Product Innovation Management, 2015, 32 (3): 361 – 383.

［235］ Kaplan S. Cognition, Capabilities and Incentives: Assessing Firm Response to the Fiber – Optic Revolution ［J］. The Academy of Management Journal, 2008, 51 (4): 672 – 695.

［236］ Katila R, Ahuja G. Something Old, Something New: A Longitudinal Study of Search Behavior and New Product Introduction ［J］. Academy of Management Journal, 2002, 45 (6): 1183 – 1194.

［237］ Klein P G, McGahan A M, Mahoney J T. Pitelis Ch. N. Resources, Capabilities, and Routines in Public Organization, Working Papers. University of Illinois, College of Business, 2011.

［238］ Knoben J, Oerlemans L A G. Proximity and Inter-Organizational Collaboration: A Literature Review ［J］. International Journal of Management Reviews, 2010, 8 (2): 71 – 89.

［239］ Koka B R, John E. Prescott. Designing Alliance Networks: The Influence of Network Position, Environmental Change, and Strategy on Firm Performance ［J］. Strategic Management Journal, 2008, 29 (6): 639 – 661.

［240］ Kratke S. Regional Knowledge Networks: A Network Analysis Approach to the Interlinking of Knowledge Resources ［J］. European Urban and Regional Studies, 2010, 17 (1): 83 – 97.

［241］ Kuo H C, Wang L H, Yeh L J. The Role of Education of Directors in Influencing Firm R&D Investment ［J］. Asia Pacific Management Review, 2018, 23

(2): 108 – 120.

[242] Lam A. Embedded Firms, Embedded Knowledge: Problems of Collaboration and Knowledge Transfer in Global Cooperative Ventures [J]. Organization Studies, 1997, 18 (6): 973.

[243] Laursen K, Salter A. Open for innovation: The Role of Openness in Explaining Innovation Performance among UK Manufacturing Firms [J]. Strategic Management Journal, 2006, 27 (2): 131 – 150.

[244] Lee E Y, Cin B C. The Effect of Risk-Sharing Government Subsidy on Corporate R&D Investment: Empirical Evidence from Korea [J]. Technological Forecasting and Social Change, 2010, 77 (6): 881 – 890.

[245] Leonard-Barton D. Core Capabilities and Core Rigidities: A Paradox in Managing New Product Development [J]. Strategic Management Journal, 1992, 13 (7): 56 – 57.

[246] Lerner, Josh. The Government as Venture Capitalist: The Long-Run Impact of the SBIR Program [J]. Journal of Private Equity, 1999, 72 (3): 285 – 318.

[247] Li Q, Maggitti P G, Smith K G, et al. Top Management Attention to Innovation: The Role of Search Selection and Intensity in New Product Introductions [J]. Academy of Management Journal, 2013, 56 (3): 893 – 916.

[248] Lichtenberg F R. The Effect of Government Funding on Private Industrial Research and Development: A Re-Assessment [J]. The Journal of Industrial Economics, 1987, 36 (1): 97 – 104.

[249] Lin Z, Yang H, Arya B et al. Alliance Partners and Firm Performance: Resource Complementarity and Status Association [J]. Strategic Management Journal, 2009, 30 (9): 921 – 940.

[250] Lin, Z J, Liu S, Sun F. The Impact of Financing Constraints and Agency Costs on Corporate R&D Investment: Evidence from China [J]. International Review of Finance, 2017, 17 (1): 3 – 42.

[251] Lori Rosenkopf A N. Beyond Local Search: Boundary-Spanning, Exploration, and Impact in the Optical Disk Industry [J]. Strategic Management Journal, 2001, 22 (4): 287 – 306.

[252] Mischel W. Personality and Assessment [M]. New York: Wiley, 1968.

[253] Majchrzak A, Faraj S, Kane G C, et al. The Contradictory Influence of Social Media Affordances on Online Communal Knowledge Sharing [J]. Journal of Computer-mediated Communication, 2013, 19 (3): 38 – 55.

[254] Man Haire, Biological Models and Empirical Histories in the Growth Organiazations [M]. Model Organization Theory, ed. Mason Haire, New York: John Wiley, 1959.

[255] March J G. Continuity and Change in Theories of Organizational Action [J]. Administrative Science Quarterly, 1996, 41 (2): 278 – 287.

[256] Marianna Marino, Stephane Lhuillery, Pierpaolo Parrotta, Davide Sala. Additionality or Crowding-out? An Overall Evaluation of Public R&D subsidy on Private R&D expenditure [J]. Research Policy, 2016, 45 (9).

[257] Mazzola E, Perrone G, Kamuriwo D S. Interaction between Inter-firm and Interlocking Ditectorate Networks on Firm's New Product Development Outcomes [J]. Journal of Business Research, 2016, 69 (2): 672 – 682.

[258] Michael Spence. Job Market Signaling. [J]. Quarterly Journal of Economics, 1973, 87 (3): 355 – 374.

[259] Morgan R M, Hunt S D. The Commitment-Trust Theory of Relationship Marketing [J]. Journal of Marketing, 1994, 58 (3): 20.

[260] Nadkarni S, Barr P S. Environmental Context, Managerial Cognition, and Strategic Action: An Integrated View [J]. Strategic Management Journal, 2008, 29 (13): 1395 – 1427.

[261] Ocasio W. Attention to Attention [J]. Organization Science, 2011, 22 (5): 1286 – 1296.

[262] Ocasio W. Towards an Attention-Based View of the Firm [J]. Strategic Management Journal, 1997, 18 (S1): 187 – 206.

[263] Ocasio, W. Attention to Attention [J]. Organization Science, 2011, 22 (5): 1286 – 1296.

[264] Park B I. Knowledge Transfer Capacity of Multinational Enterprises and Technology Acquisition in International Joint Ventures [J]. International Business Review, 2011, 20 (1): 75 – 87.

[265] Patel P C, Fernhaber S A, Mcdougall-Covin P P et al. Beating Competi-

tors to International Markets: The Value of Geographically Balanced Networks for Innovation [J]. Strategic Management Journal, 2014, 35 (5): 691 – 711.

[266] Pavlov A, Bourne M. Explaining the Effects of Performance Measurement on Performance [J]. International Journal of Operations & Production Management, 2011, 31 (1): 15 – 17.

[267] Pentland B T, Feldman M S, Becker M C, et al. Dynamics of Organizational Routines: A Generative Model [J]. Journal of Management Studies, 2012, 49 (8): 1484 – 1508.

[268] Pere Arqué-Castells. Persistence in R&D Performance and Its Implications for the Granting of Subsidies [J]. Review of Industrial Organization, 2013, 43 (3): 193 – 220.

[269] PETTIGREW A. On Studying Managerial Elites [J]. Strategic Management Journal, 1992, 13 (s): 163 – 182.

[270] Pfeffer J, Salancik G. R. The External Control of Organizations—A Resource Dependence Perspective [M]. Stanford University Press, 1978.

[271] Phelps C C. A Longitudinal Study of the Influence of Alliance Network Structure and Composition on Firm Exploratory Innovation [J]. Academy of Management Journal, 2010, 53 (4): 890 – 913.

[272] Philipp B. China's R&D Subsidies Allocation and Effectiveness [J]. SSRN Electronic Journal, 2015.

[273] Porter M E. Competitive Advantage [M]. New York: The Free Press, 1985: 1 – 85.

[274] Powell W W, White D R, Koput K W et al. Network Dynamics and Field Evolution: The Growth of Inter organizational Collaboration in the Life Sciences Walter [J]. American Journal of Sociology, 1963, 68 (4): 444 – 462.

[275] Priem R L, Lyon D W, Dess G G. Inherent Limitations of Demographic Proxies in Top Management Team Heterogeneity Research [J]. Journal of Management, 1999, 25 (6): 935 – 953.

[276] Provan K G, Kenis P. Modes of Network Governance: Structure, Management, and Effectiveness [J]. Journal of Public Administration Research and Theory, 2008, 18 (2): 229 – 252.

［277］Ragin C C. Redisigning Social Inquiry: Fuzzy Sets and Beyond ［J］. 2010, 88 (4): 275 – 290.

［278］Rihoux B. Qualitative Comparative Analysis (QCA) and Related Systematic Comparative Methods-Recent Advances and Remaining Challenges for Social Science Research ［J］. International Sociology, 2006, 21 (5): 679 – 706.

［279］Rosanna G, Roger C. A Critical Look at Technological Innovation Typology and Innovativeness Terminology: A Literature Review ［J］. The Journal of Product Innovation Management, 2002, 19 (2): 110 – 132.

［280］Rose Kim J Y, Howard M, Pahnke E C et al. Understanding Network Formation in Strategy Research: Exponential Random Graph Models ［J］. Strategic Management Journal, 2016, 37 (1): 22 – 44.

［281］Rowley T I M, Behrens D, Krackhard T D. Redundant Governance Structures: An Analysis of Structural and Relaional Embeddedness in the Stell and Semiconductor Industries ［J］. Strategic Management Journal, 2015, 386: 369 – 386.

［282］Saka A-Helmhout A. Organizational Learning as a Situated Routine-based Activity in International Settings ［J］. Journal of World Business, 2010, 45 (1): 41 – 48.

［283］Samuelson, Paul A. The Pure Theory of Public Expenditure ［J］. Review of Economics & Statistics, 1954, 36 (4): 387 – 389.

［284］Shepherd D A, Mcmullen J S, Ocasio W. Is that an Opportunity? An Attention Model of Top Managers' Opportunity Beliefs for Strategic Action ［J］. Strategic Management Journal, 2017, 38 (3): 626 – 644.

［285］Shropshire C. The Role of the Interlocking Director and Board Receptivity in the Diffusion of Practices ［J］. Academy of Management Review, 2010, 35 (2): 246 – 264.

［286］Simon H A. A Study of Decision-making Processes in Administrative Organization ［M］. Chicago: Macmillan, 1947.

［287］Simon H A. Administrative Behavior ［M］. The Free Press, New York, NY, 1947.

［288］Sisodiya S R, Johnson J L, Yany Gregoire. Inbound Open Innovation for Enhanced Performance: Enablers and Opportunities ［J］. Industrial Marketing Management, 2013, 42 (SI): 836 – 849.

[289] Spence M. Cost Reduction, Competition, and Industry Performance [J]. Econometrica, 1984, 52 (1): 101 – 122.

[290] Takalo T, Tanayama T. Adverse Selection and Financing of Innovation: Is There a Need for R&D Subsidies? [J]. Journal of Technology Transfer, 2010, 35 (1): 16 – 41.

[291] Thomas A B. Does Leadership Make a Difference to Organizational Performance? [J]. Administrative Science Quarterly, 1988, 33 (3): 388 – 400.

[292] Tiwana A. Do Bridging Ties Complement Strong Ties? An Empirical Examination of Alliance Ambidexterity [J]. Strategic Management Journal, 2008, 29 (3): 251 – 272.

[293] Tortoriello M. The Social Underpinnings of Absorptive Capacity: The Moderating Effects of Structural Holes on Innovation Generation Based on External Knowledge [J]. Strategic Management Journal, 2015, 36 (4): 586 – 597.

[294] Tsai W. Social Structure of \ "coopetition \ "within a Multiunit Organization: Coordination, Competition, and Intraorganizational Knowledge Sharing [J]. Organization Science, 2002, 13 (2): 179 – 190.

[295] Uzzi B. Social Structure and Competition in Inter Firm Networks: The Paradox of Embeddedness [J]. Administrative Science Quarterly, 1997, 42 (3): 35 – 67.

[296] Uzzi B. Social Structure and Competition in Interfirm Networks: The Paradox of Embeddedness [J]. Administrative Science Quarterly, 1997, 42 (1): 35 – 67.

[297] Vanwijk R, Jansen J J P, Van Den Bosch F A J et al. How Firms Shape Knowledge to Explore and Exploit: A Study of Knowledge Flows, Knowledge Stocks and Innovative Performance Across Units [J]. Technology Analysis and Strategic Management, 2012, 24 (9): 929 – 950.

[298] W Ver Eecke. Public Goods: An Ideal Concept [J]. Journal of Socio-Economics, 1999, 28 (2).

[299] Wallsten S J. The Effects of Government-Industry R&D Programs on Private R&D: The Case of the Small Business Innovation Research Program [J]. The RAND Journal of Economics, 2000, 31 (1): 82 – 100.

[300] Xiaoyong Dai, Liwei Cheng. Public Selection and Research and Development Effort of Manufacturing Enterprises in China: State Owned Enterprises versus

Non-state Owned Enterprises [J]. Innovation, 2015, 17 (2).

[301] Xulia González, Consuelo Pazó. Do Public Subsidies Stimulate Private R&D Spending? [J]. Working Papers, 2008, 37 (3): 0 – 389.

[302] Yadav M S, Prabhu, J C, Chandy, R K. Managing the Future: CEO Attention and Innovation Outcomes [J]. Journal of Marketing, 2007, 71 (4): 84 – 101.

[303] Yu F. The Impact of Government Subsidies and Enterprises' R&D Investment: A Panel Data Study from Renewable Energy in China [J]. Energy Policy, 2016, 89: 106 – 113.

[304] Zaheer A, Bell G G. Benefiting from Network Position: Firm Capabilities, Structural Holes, and Performance [J]. Strategic Management Journal, 2005, 26 (9): 809 – 825.

[305] Zang J, Zhang C, Yang P, et al. How Open Search Strategies Align with Firms' Radical and Incremental Innovation: Evidence from China [J]. Technology Analysis and Strategic Management, 2014, 26 (7): 781 – 795.

[306] Zollo M, Reuer J J, Singh H. Interorganizational Routines and Performance in Strategic Alliances [J]. Organization Science: A Journal of the Institute of Management Sciences, 2002, 13 (6): 701.